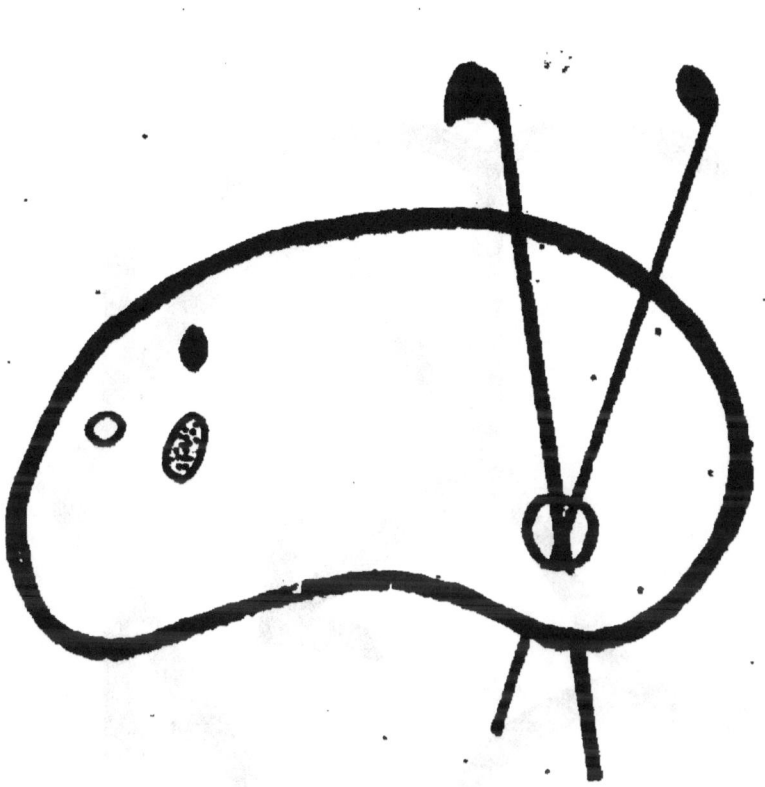

DEBUT D'UNE SERIE DE DOCUMENTS EN COULEUR

Couverture inférieure manquante

191

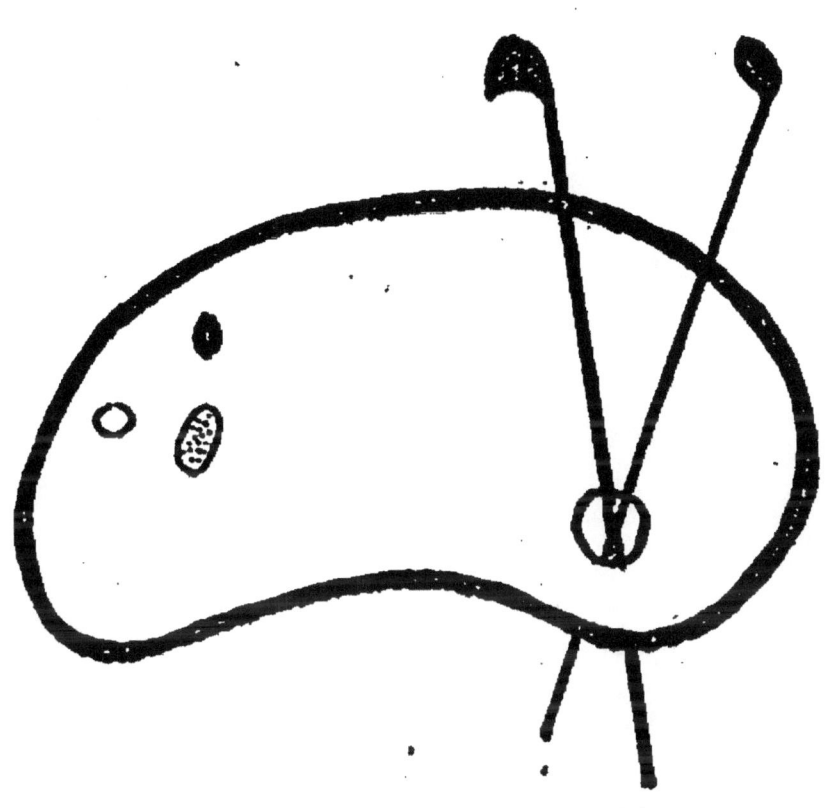

FIN D'UNE SERIE DE DOCUMENTS EN COULEUR

ŒUVRES COMPLÈTES
D'ALEXANDRE DUMAS

LES DRAMES DE LA MER

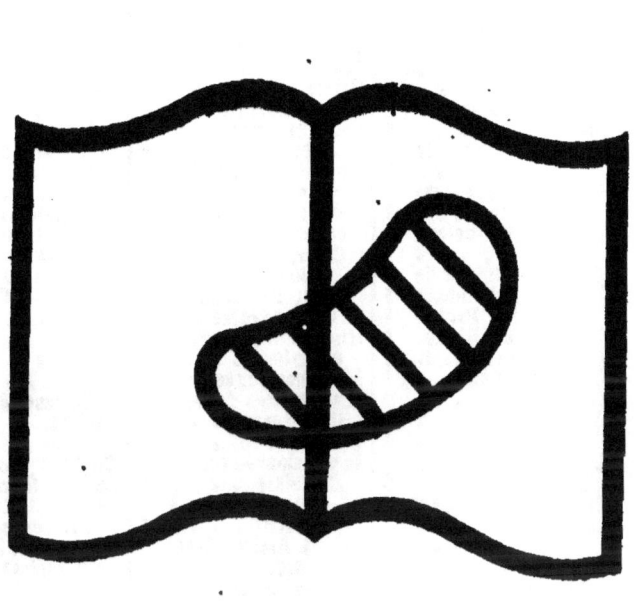

Illisibilité partielle

VALABLE POUR TOUT OU PARTIE DU
DOCUMENT REPRODUIT

ŒUVRES COMPLÈTES D'ALEXANDRE DUMAS
PUBLIÉES DANS LA COLLECTION MICHEL LÉVY

Acté	1
Amaury	1
Ange Pitou	2
Ascanio	2
Une Aventure d'amour	1
Aventures de John Davys	2
Les Baleiniers	2
Le Bâtard de Mauléon	3
Black	1
Les Blancs et les Bleus	4
Le Bonhic de la comtesse Berthe	1
La Boule de neige. Prie-à-lirse	1
Un Cadet de famille	3
Le Capitaine Pamphile	1
Le Capitaine Paul	1
Le Capitaine Rhino	1
Le Capitaine Richard	1
Catherine Blum	1
Causeries	2
Cécile	1
Charles le Téméraire	2
Le Chasseur de Sauvagine	1
Le Château d'Eppstein	1
Le Chevalier d'Harmental	2
Le Chevalier de Maison-Rouge	2
Le Collier de la reine	3
La Colombe. — Votre aïeul le Cétébré	1
Les Compagnons de Jéhu	3
Le Comte de Monte-Cristo	6
La Comtesse de Charny	6
La Comtesse de Salisbury	2
Les Confessions de la marquise	2
Conscience l'innocent	1
Création et Rédemption. — Le Docteur mystérieux	2
— La Fille du Marquis	2
La Dame de Monsoreau	3
La Dame de Volupté	2
Les Deux Diane	3
Les Deux Reines	2
Dieu dispose	2
Le Drame de 93	3
Les Drames de la mer	1
Les Drames galants. — La Marquise d'Escoman	2
Emma Lyonna	5
La Femme au collier de velours	1
Fernande	1
Une Fille du régent	1
Filles, Lorettes et Courtisanes	1
Le Fils du forçat	1
Les Frères corses	1
Gabriel Lambert	1
Les Garibaldiens	1
Gaule et France	1
Georges	1
Un Gil Blas en Californie	1
Les Grands Hommes en robe de chambre : César	2
— Henri IV, Louis XIII, Richelieu	2
La Guerre des femmes	2
Histoire d'un casse-noisette	1
L'Homme aux contes	1
Les Hommes de fer	1
L'Horoscope	1
L'Ile de Feu	2
Impressions de voyage : En Suisse	3
— Une Année à Florence	1
— L'Arabie Heureuse	3
— Les Bords du Rhin	2
— Le Capitaine Aréna	1
— Le Caucase	3
— Le Corricolo	3
— Le Midi de la France	2
— De Paris à Cadix	2
— Quinze jours au Sinaï	1
— En Russie	4
— Le Speronare	2
— Le Véloce	2
— La Villa Palmieri	1
Ingénue	2
Isaac Laquedem	2
Isabel de Bavière	2
Italiens et Flamands	2
Ivanhoé de Walter Scott (traduction)	2
Jacques Ortis	1
Jacquot sans Oreilles	1
Jane	1
Jehanne la Pucelle	2
Louis XIV et son Siècle	4
Louis XV et sa Cour	2
Louis XVI et la Révolution	2
Les Louves de Machecoul	3
Madame de Chamblay	2
La Maison de glace	2
Le Maître d'armes	1
Les Mariages du père Olifus	1
Les Médicis	1
Mes Mémoires	10
Mémoires de Garibaldi	2
Mémoires d'une aveugle	2
Mémoires d'un médecin : Balsamo	5
Le Meneur de loups	1
Les Mille et un Fantômes	1
Les Mohicans de Paris	4
Les Morts vont vite	2
Napoléon	1
Une Nuit à Florence	1
Olympe de Clèves	3
Le Page du duc de Savoie	2
Parisiens et Provinciaux	2
Le Pasteur d'Ashbourn	2
Pauline et Pascal Bruno	1
Un Pays inconnu	1
Le Père Gigogne	2
Le Père la Ruine	1
Le Prince des Voleurs	2
Princesse de Monaco	2
La Princesse Flora	1
Propos d'Art et de Cuisine	1
Les Quarante-Cinq	3
La Régence	1
La Reine Margot	2
Robin Hood le Proscrit	2
La Route de Varennes	1
Le Saltéador	1
Salvator (suite des Mohicans de Paris)	3
La San-Felice	4
Souvenirs d'Antony	1
Souvenirs d'une Favorite	4
Les Stuarts	1
Sultanetta	1
Sylvandire	1
Terreur prussienne	2
Le Testament de M. Chauvelin	1
Théâtre complet	25
Trois Maîtres	1
Les Trois Mousquetaires	3
Le Trou de l'enfer	1
La Tulipe noire	1
Le Vicomte de Bragelonne	6
La Vie au Désert	2
Une Vie d'artiste	1
Vingt Ans après	3

Imprimerie D. BARDIN, à Saint-Germain.

LES
DRAMES
DE LA MER

PAR

ALEXANDRE DUMAS

NOUVELLE ÉDITION

PARIS
CALMANN LÉVY, ÉDITEUR
ANCIENNE MAISON MICHEL LÉVY FRÈRES
3, RUE AUBER
—
1881

Droits de reproduction et de traduction réservés

LES DRAMES
DE LA MER

BONTEKOE

I

1619

Vers la fin du mois de mai 1619, trois bâtiments hollandais, *le Nieuw-Zeeland*, capitaine Pierre Thysz, *le Enekuisen*, capitaine Jean Jansz, et *le Nieuw-Hoorn*, capitaine Bontekoe, après avoir doublé le cap de Bonne-Espérance sans le toucher, rangèrent, par un temps magnifique, la terre de Natal.

Il y avait cent trente-deux ans que le Portugais Barthélemy Diaz, envoyé à la recherche du fameux prêtre Jean, ce pape de l'Orient qu'on cherchait depuis trois siècles, l'avait doublé lui-même sans s'en douter, emporté par une tempête qui l'avait pris dans ses ailes et qui l'avait emporté du sud à l'est.

A partir de ce jour, une nouvelle route vers l'Inde avait été frayée.

Pour ne pas trop décourager les futurs navigateurs, le roi Jean II de Portugal avait changé le nom de cap des Tempêtes, que lui avait donné Barthélemy Diaz à son retour de Lisbonne, en celui de cap de Bonne-Espérance, qu'il a conservé depuis.

Dix ans après, c'était le tour de Gama.

Il fallait reprendre le voyage de Diaz où celui-ci l'avait interrompu ; il fallait relier l'Inde au Portugal, Calicut à Lisbonne.

Après avoir donné son nom à la terre de Natal, en mémoire de la nativité de Notre-Seigneur ; après avoir jeté l'ancre à Sofala, qu'il prit pour l'ancienne Ophir ; après avoir successivement relâché à Mozambique, à Quiloa, à Monthasa et à Mélinde ; après avoir reçu un pilote expérimenté du roi de cette dernière ville,

Gama se lança résolûment dans la mer d'Oman, passa, selon toute probabilité, entre les Laquedives et les Maldives, et le 20 mai 1498 aborda à Calicut, centre du commerce que l'Inde faisait, à cette époque, avec tout ce vaste continent qui s'étend du Zanzibar au détroit de Malacca.

Puis ce fut le tour de Camoëns, l'Homère de l'océan Indien ; la *Lusiade* est la relation épique de son voyage.

Camoëns avait perdu un œil en combattant contre les Mores de Ceuta, presque au même temps où Cervantes perdait une main en combattant contre les Turcs de Lépante.

On sait comment après avoir visité Goa, comment après avoir combattu à Chembé, au cap Guardafu et à Mascate, quelques vers satiriques le firent exiler aux Moluques ; comment dom Constantin de Bragance le nomma curateur des successions à Macao, qui n'existait pas encore ou qui venait de naître ; comment Camoëns, n'ayant point de succession à curer, écrivit son poëme ; comment il s'embarqua avec son double trésor, trésor de fortune et trésor de poésie, pour revenir à Goa ; comment le vaisseau qui le portait, ayant fait naufrage sur la côte de Siam, le poëte, abandonnant son or à la mer de Chine, mais soulevant son poëme au-dessus de l'eau, sauva d'une main sa vie et de l'autre son immortalité.

Hélas! quoique le poëme des *Lusiades* eût paru six ans après, quoiqu'il eût eu une deuxième édition la même année, quoique tous les Portugais sussent par cœur l'épisode du géant Adamastor et les malheurs d'Inez de Castro, on n'en voyait pas moins passer dans les rues de Lisbonne, appuyé sur une béquille, un pauvre vieillard se rendant au couvent de San-Domingo, où, mêlé aux écoliers, il écoutait les leçons de théologie, tandis qu'un esclave javanais mendiait pour lui et le nourrissait des aumônes qu'il avait reçues.

Il est vrai que, lorsque le vieillard passait, on s'arrêtait pour le regarder, et qu'il pouvait entendre ces mots consolateurs pour son orgueil :

— C'est Luiz de Camoëns, le grand poëte.

Quelques-uns ajoutaient :

— Il est donc pauvre?

Ce à quoi une voix répondait toujours :

— Non, le roi dom Sébastien lui fait une pension.

Et, en effet, le roi dom Sébastien faisait à l'homme qui illustrait son règne une pension de soixante-quinze livres par an.

De sorte que, lorsque dom Sébastien se fit tuer dans son expédition d'Afrique, il fallut que le poëte, déjà pauvrement logé, prît, rue Santa-Anna, un logement plus pauvre encore.

De sorte que, lorsqu'Antonio, l'esclave javanais, mourut, comme personne ne mendiait plus pour le poëte et qu'il ne voulait pas mendier, il fallut que l'auteur des *Lusiades*, descendant d'un degré encore, passât de son grabat à l'hôpital.

Un dernier degré lui restait à descendre, c'était celui de la tombe : il le franchit en souriant.

Pauvre poëte que sa patrie oubliait, mais qui ne pouvait oublier sa patrie!

— Au moins je meurs avant le Portugal!

Et on le jeta dans une fosse sur laquelle on laissa retomber une pierre sans nom.

Seize ans après sa mort, quand sa renommée eut bien grandi, don Gonzalo Coutinho proposa d'élever un monument au poëte ; mais comme on ignorait le lieu de son berceau, on ignorait aussi le lieu de sa tombe.

Enfin un vieux sacristain se souvint d'avoir, par un soir d'orage, enseveli un homme sans parents, sans famille, sans amis, qui avait deux blessures, une qui lui avait crevé l'œil, l'autre qui lui avait cassé la cuisse.

A ce signalement on reconnut le Camoëns.

La tombe fut rouverte en grande pompe, le cadavre fut relevé, transporté dans un endroit voisin du chœur des religieuses francisquines du couvent de Santa-Anna, et sur sa nouvelle tombe on incrusta une tablette de marbre où l'on grava cette inscription :

CI-GIT LUIZ DE CAMOENS,
PRINCE
DES POETES DE SON TEMPS. IL VÉCUT PAUVRE
ET MISÉRABLEMENT, ET MOURUT
DE MÊME
ANNÉE MDLXXIX.

Il dormit là, tranquille et honoré, près de deux siècles ; puis un jour, le 1er novembre 1755, comme le ciel avait besoin de signaler par un terrible présage la naissance d'une reine, un tremblement de terre anéantit Lisbonne, avec Lisbonne l'église de Santa-Anna, et avec l'église de Santa-Anna le tombeau de l'auteur des *Lusiades*.

Cette reine, c'était Marie-Antoinette d'Autriche.

O rois et poëtes, Dieu vous fait de temps en temps des destins pareils pour montrer à l'univers que vous êtes égaux !

Le poëme du Camoëns avait rendu l'Inde populaire. Bientôt où avaient passé le navigateur Diaz, le conquérant Gama, Camoëns le poëte, passa bientôt le commerçant Van Noort; seulement, lui arrivait dans l'Inde par le côté opposé, en longeant la côte de la Patagonie, en franchissant le terrible détroit découvert par Magellan le 28 mai 1520, et, suivant l'exemple de Sébastien del Cano, il rentrait dans l'Atlantique par le cap de Bonne-Espérance, après avoir fait en trois ans le tour du monde.

Ce fut le commencement de la fortune maritime de la Hollande, ces Phéniciens de l'Europe qui devaient, dans un jour d'orgueil, s'intituler les balayeurs des mers, et porter, au lieu de pavillon, un balai à la corne de leurs vaisseaux.

Quatorze ans plus tard, l'amiral hollandais Georges Spilbergen battait la flotte espagnole sur les côtes du Pérou, et établissait la domination hollandaise dans les Moluques.

C'était cinq ans après cette victoire que doublaient le cap de Bonne-Espérance, comme nous l'avons dit, les trois bâtiments hollandais commandés par Pierre Thysz, Jean Jansz et Bontekoe.

Comment ces trois baleiniers naviguaient-ils de conserve? Le voici.

Guillaume Isbrantz Bontekoe avait été, en 1618, nommé par la Compagnie hollandaise des Indes-Orientales, capitaine du *Nieuw-Hoorn*, bâtiment de 1,100 tonneaux, monté par 206 hommes d'équipage et destiné à faire le commerce.

Il était parti du Texel le 28 décembre, et dès le 5 janvier, après être sorti de la Manche, son bâtiment avait été assailli de trois coups de vent si terribles qu'il avait cru un instant que là s'arrêtait son voyage.

La Providence en ordonna autrement : après quinze jours de grosse mer, le danger cessa, un peu de calme revint, et Bontekoe continua sa route, ignorant encore s'il se rendrait dans la mer des Indes par le détroit de Magellan ou le cap de Bonne-Espérance.

Les vents devaient décider s'il tournerait à l'est ou à l'ouest.

Avant d'arriver aux Canaries, il avait rencontré les deux bâtiments avec lesquels nous lui avons vu doubler le cap.

Après trois semaines de calme éprouvé en approchant de la ligne, un vent de sud-est les poussa dans la mer des Antilles au milieu de ces bancs de rochers nommés les Abrojos

Ils s'en tirèrent heureusement, cherchèrent sans la trouver l'île de Tristan d'Acunha, et bientôt poussés par les vents variables vers le cap de Bonne-Espérance, ils s'en approchèrent si rapidement que, de peur d'être jetés à la côte, ils s'élevèrent au sud, et, confiants dans leurs équipages sains et vigoureux, en une riche provision d'eau, ils se décidèrent à doubler le cap sans y toucher.

Ce fut ainsi qu'ils arrivèrent à la hauteur de la terre de Natal. Là le capitaine Jansz, qui était destiné pour la côte de Coromandel, quitta Thysz et Bontekoe pour enfiler le canal de Mozambique.

Un peu plus loin, quelques différends s'étant élevés entre Thysz et Bontekoe, Thysz fit voile de son côté, et *le Nieuw-Hoorn* resta seul.

Il était sous le 23ᵉ degré de latitude lorsqu'il perdit de vue *le Nieuw-Zeeland*.

Depuis le Cap, l'état sanitaire du bâtiment avait bien changé. Vers le 30ᵉ degré, les maladies s'étaient mises dans l'équipage, et cinq ou six jours après que Bontekoe eut quitté son dernier compagnon de voyage, il avait quarante hommes sur les cadres.

Comme la terre la plus proche était Madagascar, on résolut de faire route vers cette île, et l'on mit le cap sur la baie Saint-Louis.

Mais toute cette côte était encore mal explorée, et quoique Bontekoe lui-même cherchât un bon mouillage avec sa chaloupe, tandis que le bâtiment courait de petites bordées, quoique les naturels qui couraient tout le long de la côte fissent des signes d'approcher, quoique par ces signes ils semblassent indiquer un lieu de débarquement, comme ils n'offraient aucun raffraichissement, comme la mer brisait effroyablement contre le rivage, après une vaine tentative faite par un matelot qui se mit à la nage et qui fut forcé de revenir à la chaloupe sans avoir abordé, il fallut retourner à bord après une fatigue inutile.

L'équipage avait, du pont du bâtiment, suivi toutes les évolutions de la chaloupe, et il la voyait revenir avec désespoir; mais Bontekoe, qui était adoré de ses matelots, les invita à la patience.

On résolut de chercher un mouillage en remontant vers le sud; on revint jusqu'au 29ᵉ degré; puis, comme les mêmes difficultés continuaient d'exister, on changea encore une fois d'avis et de route, et l'on décida que l'on viendrait relâcher à l'une ou l'autre des îles Mascareignes.

C'est ainsi qu'on appelait à cette époque et qu'on appelle encore aujourd'hui l'île Maurice et l'île Bourbon.

Bontekoe gouverna de manière à passer entre les deux îles.

Mais la première qu'il aperçut étant l'île qui reçut depuis le nom d'île Bourbon, ce fut à celle-là qu'il essaya d'atterrir. A deux cents pas à peu près de la terre, on mouilla par quarante brasses de profondeur.

Mais là encore un obstacle terrible se présentait :

la mer blanchissait si visiblement sur des brisants, qu'il fallut encore que la chaloupe, montée par des hommes sains, cherchât un lieu de débarquement : elle se mit aussitôt en quête et revint au bout de deux heures. Elle avait pu prendre terre au milieu d'une magnifique végétation et rapportait une grande quantité de tortues.

On sait quelle manne bienheureuse offrent ces animaux aux pauvres scorbutiques ; aussi les malades demandèrent-ils unanimement à se rendre à terre, ce que leur refusa d'abord le subrécargue du bâtiment, nommé Hein-Rol.

A son avis le bâtiment pourrait dériver, et, si ce malheur arrivait, les débarqués seraient perdus.

Mais pour ces malheureux, l'île qu'ils avaient en vue était un lieu de délices, où ils ne demandaient pas mieux que de rester.

Leurs prières pour qu'on les mît sur cette terre où ils devaient trouver la guérison rien qu'en la touchant, devinrent donc si instantes que Bontekoe ne put y résister ; il s'avança au milieu du pont et déclara qu'au risque de ce qui pourrait arriver, il allait mettre tout le monde à terre.

Cette déclaration fut accueillie par des cris de joie de tout l'équipage.

Les malades, comme les plus pressés, furent embarqués les premiers. Bontekoe leur donna une voile pour se faire une tente, afin qu'ils pussent rester plusieurs jours à terre.

Il chargea la chaloupe de provisions, embarqua un cuisinier et toutes sortes d'ustensiles avec eux, et lui-même descendit pour leur servir de guide.

A mesure que l'on approchait de la terre la joie des matelots redoublait; plusieurs n'eurent pas le courage d'attendre qu'on touchât: ils se jetèrent à la mer, gagnèrent la côte à la nage, et, arrivés là, ils se roulèrent sur l'herbe en appelant leurs compagnons, qui les eurent bientôt rejoints.

Et en effet, soit rêve de leur imagination, soit réalité, à peine furent-ils sous l'ombre des grands arbres, à peine eurent-ils touché la terre que, nouveaux Antées, ils déclarèrent qu'ils sentaient leurs forces revenir.

En ce moment une volée de ramiers vint s'abattre autour d'eux.

Sans s'effrayer aucunement à leur vue, et comme

l'île était encore déserte, comme ils n'avaient pas encore été effrayés par la présence de l'homme, ils se laissèrent prendre à la main et tuer à coups de bâtons.

Deux cents y passèrent le premier jour.

Après quoi, pour varier leurs mets, ils se mirent en quête de tortues et en prirent une cinquantaine.

Bontekoe, voyant qu'en effet ils n'avaient rien à craindre sur cette rive où la Providence se faisait si hospitalière, les y laissa et retourna au bâtiment, dont il trouva le mouillage si mauvais qu'il obtint de l'équipage, malgré l'impatience manifestée de se rendre à terre, que l'on chercherait quelque chose de mieux.

L'équipage y consentit.

Cette adhésion, malgré un si vif désir d'aller à terre, toucha Bontekoe; il ne voulut point perdre de temps, et, quoique la nuit fût venue, comme la nuit était belle, comme la mer était calme, il redescendit dans la chaloupe et se mit en quête d'une meilleure rade.

A cinq milles de là il la trouva.

C'était une bonne baie avec un fond de sable.

Au point du jour le capitaine commença ses investigations.

A peine avait-il fait un quart de lieue dans les terres qu'il trouva un lac.

Malheureusement l'eau n'en était pas tout à fait douce ; mais ses bords étaient couverts d'oies et de drontes ; les arbres qui l'ombrageaient étaient peuplés de perroquets gris, de ramiers, d'oiseaux inconnus de toute espèce et de toute couleur, et, au pied de ces arbres, à l'ombre, il trouva vingt-cinq tortues réunies en société et pouvant à peine marcher, tant elles étaient grasses.

Bontekoe resta à terre avec trois ou quatre hommes, et envoya porter cette double nouvelle : aux malades, qu'il avait trouvé un campement meilleur que le premier ; à l'équipage, qu'il avait reconnu une excellente baie pour le bâtiment.

Le bâtiment et la chaloupe, au bout de deux heures, arrivèrent donc de conserve.

Le bâtiment jeta l'ancre dans la baie par vingt-cinq brasses d'eau, et les hommes de l'équipage débarquèrent tour à tour et en quatre voyages.

Les matelots sont de sublimes enfants. A des désespoirs suprêmes, à des luttes de titans succèdent parfois chez eux des joies puériles.

C'est ce qui arriva à l'équipage du *Nieuw-Hoort* quand il eut débarqué à l'île Bourbon.

Tout ce rivage présenta l'aspect d'une fête, quelque chose, moins les femmes, comme une kermesse de Téniers.

Les uns se mirent à jeter la seine dans le lac, les autres à chasser les tortues, les autres à abattre les pigeons à coups de bâtons et à coups de pierres; quelques-uns accoururent tout joyeux, les bras levés, poussant de grands cris et disant qu'ils venaient de trouver un ruisseau d'eau douce.

On alluma de grands feux, on fit des broches de bois, on rôtit des ramiers qu'on arrosa avec la graisse des tortues cuisant dans leurs coquilles; puis les pêcheurs arrivèrent : ils avaient pris un grand nombre d'anguilles grosses comme le bras, dont le cuisinier fit de gigantesques matelottes; on avait vu aussi des boucs, on les avait poursuivis, mais on n'en avait pu prendre qu'un vieux, si vieux que ses cornes étaient mangées par les vers et que personne n'en voulut manger.

Au bout de trois jours, en effet, les malades étaient à peu près guéris ; on les ramena au bâtiment, moins sept qui, souffrant encore, obtinrent de rester à terre jusqu'au moment où le bâtiment mettrait définitivement à la voile.

Enfin on fit une énorme provision de ramiers, de tortues et d'anguilles, que l'on sala et qui augmentèrent d'autant les provisions de l'équipage.

Enfin on leva l'ancre, laissant déserte, comme on l'avait trouvée, cette magnifique île Bourbon qui devait être, cent cinquante ans plus tard, une des plus florissantes colonies de la France.

II

LE FEU

L'intention de Bontekoe était de relâcher à Maurice, comme il avait relâché à Bourbon, afin que la seconde île complétât sur son équipage l'œuvre de guérison si bien commencée par la première.

Mais l'estime fut mauvaise, on descendit trop bas, et Maurice, vue de loin, fut laissée à gauche.

Alors commencèrent les regrets.

Quelques malades étaient encore à bord; deux ou trois jours de plus les eussent guéris.

Pourquoi n'avait-on point sacrifié ces deux ou trois jours, qui sont si peu de chose dans un voyage pareil, à la santé, ce premier bien des matelots, cette grande richesse du capitaine?

Une inquiétude aussi ajoutait à la tristesse de ces réflexions.

Si peu instruit que l'on fût des caprices de cette mer presque inconnue, et dans l'ignorance même où on en était encore, on lui en croyait plus qu'elle n'en a, on prévoyait qu'il faudrait peut-être long-temps parcourir les latitudes du sud avant de trouver les vents alisés qui devaient pousser le bâtiment à Bentem ou à Batavia.

Cette crainte fit que l'on vira de bord et que l'on porta droit à l'ouest sur l'île Sainte-Marie, située à soixante lieues de Madagascar, à peu près en face de la baie d'Anton-Gil.

On y arriva naturellement par le côté oriental de

l'île, et l'on mouilla dans un enfoncement de la côte par treize brasses d'une eau si pure que l'on voyait clairement le fond de la mer.

L'île Sainte-Marie était peuplée.

Ses habitants, quoique moins habitués encore que ceux de Madagascar à voir des Européens, s'empressèrent de se rendre à bord et d'y apporter des poules, des limons et du riz ; en outre ils firent comprendre par signes qu'ils avaient encore des vaches, des brebis et d'autres provisions.

Pour se faire leur ami Bontekoe leur présenta du vin dans une tasse d'argent ; ils burent, comme eût fait un chien ou tout autre animal, en mettant le visage entier dans la tasse ; puis, à peine eurent-ils bu que la liqueur fit sur eux un effet d'autant plus rapide qu'ils n'y étaient point habitués, et qu'ils se mirent à danser comme des fous et à crier comme des furieux.

Ils appartenaient à la seconde race, à cette race jaune descendue des plateaux d'Asie, et étaient nus, à l'exception d'un chiffon d'étoffe qu'ils portaient en manière de tablier.

Chaque jour on descendait à terre et l'on faisait

des échanges avec eux; des sonnettes, des cuillers, des couteaux, des grains de verre ou de corail étaient les puissants moyens de séduction employés par Bontekoe.

Pour chacun de ces objets on avait un veau, un porc, des brebis, du riz, des melons d'eau, et du lait qu'ils apportaient dans de grandes feuilles tressées, formant des paniers aussi sûrs que des sebiles de bois ou des tasses de porcelaine.

Mais comme, parmi les fruits, ceux qui manquaient, les limons et les oranges, étaient justement le plus nécessaires à des hommes attaqués du scorbut, Bontekoe résolut de faire, pour s'en procurer, une expédition à Madagascar.

Il arma donc la chaloupe, il y fit porter les marchandises qu'il crut devoir être les plus précieuses aux Madécasses, et, franchissant la distance qui sépare Sainte-Marie de Madagascar, il s'engagea dans une rivière qu'il commença de remonter en ramant.

Mais, à mesure qu'il avançait, comme la rivière devenait plus étroite, les arbres de chaque rive, qui avaient commencé par faire un dais de verdure et d'ombrage, abaissèrent peu à peu leurs branches, qui, en trempant dans l'eau, finirent par intercepter complétement le passage.

En outre les bords de cette rivière semblaient déserts, et, comme ils étaient infertiles en fruits, que dix hommes armés de flèches et embusqués derrière les arbres eussent pu détruire jusqu'au dernier matelot sans donner prise sur eux, Bontekoe donna le signal de la retraite et revint à bord.

Par bonheur, deux jours après il trouva sur un autre point de l'île Sainte-Marie ce qu'il avait été chercher si loin, des oranges, des limons et des bananes à profusion.

Neuf jours s'écoulèrent à Sainte-Marie.

Pendant ces neuf jours, les hommes de l'équipage du *Nieuw-Hoorn* reprirent toute la force et toute la santé qu'ils avaient en sortant du Texel.

Pendant ces neuf jours plusieurs fois des escouades de matelots étaient descendues à terre; dans ces excursions ils se faisaient souvent accompagner d'un musicien.

Ce musicien jouait de la vielle.

Alors c'était une grande joie pour les insulaires. L'instrument, si naïf qu'il fût, leur causait, chaque fois, un nouvel étonnement et une plus grande satisfaction.

Les uns s'asseyaient en cercle autour du musicien, faisant claquer leurs doigts ; les autres sautaient ou plutôt bondissaient comme des animaux sauvages, et, de temps et temps, comme pour rendre grâce à leurs dieux du plaisir qu'ils leur donnaient, ils allaient se mettre à genoux devant des têtes de bœufs élevées sur des pieux et qui paraissaient être leurs fétiches.

Enfin les neufs jours s'écoulèrent ; pendant ces neuf jours les malades étaient revenus à la santé, le vaisseau avait été réparé avec le plus grand soin ; on remit à la voile et l'on se dirigea vers le détroit de la Sonde.

Le 19 novembre 1619, comme on se trouvait vers la latitude du détroit, c'est-à-dire vers le cinquième degré trente minutes, vers deux heures de l'aprèsmidi, le munitionnaire, étant descendu comme d'habitude pour tirer l'eau-de-vie destinée à être distribuée le lendemain, attacha son chandelier de fer à un baril d'un rang plus haut que celui qu'il devait percer.

Alors, par un de ces hasards terribles qui font dépendre les grandes catastrophes d'une misérable cause, un fragment de la mèche ardente tomba dans le trou du bondon ; aussitôt le feu prit, les deux fonds du tonneau éclatèrent, et, pareille à un ruissseau de flammes, l'eau-de-vie brûlante coula jusqu'au charbon de la forge, dans lequel elle disparut et sembla s'éteindre.

On jeta quelques cruches d'eau au même endroit ; l'eau se mit pour ainsi dire à la poursuite du feu et disparut comme lui dans le charbon.

On crut tout fini.

Ce fut seulement alors que l'on fit part de cet accident à Bontekoe, qui descendit lui-même, fit jeter de nouveaux seaux d'eau sur le charbon et remonta tranquille sur le pont.

Une demi-heure après, le cri : Au feu ! se fit entendre.

Bontekoe s'élança par une écoutille et vit, en effet, la flamme qui s'élevait du fond de la cale : le feu s'était mis au charbon dans lequel l'eau-de-vie brûlante avait coulé.

Le danger était d'autant plus terrible qu'il y avait trois ou quatre rangs de tonneaux les uns sur les autres.

Il n'y avait donc pas de temps à perdre.

Il fallait noyer le charbon le plus vite possible; on versa l'eau à pleines cruches dans la cale.

Mais, alors, un autre incident se présenta : l'eau mise en contact avec le charbon brûlant fit une si terrible fumée que nul ne put demeurer à fond de cale.

Bontekoe y resta cependant.

Il comprenait toute cette responsabilité qu'il avait prise, devant Dieu de la vie de son équipage, devant ses armateurs de la charge de son bâtiment.

Il demeura donc au milieu de la fumée, continuant de donner ses ordres, tandis qu'autour de lui il entendait tomber et râler ses matelots.

Lui-même, de temps en temps, il était obligé d'aller à l'écoutille remplir d'air frais et pur sa poitrine; puis il revenait au milieu de cette fumée, dans laquelle il semblait que cette puissante volonté qui l'animait lui permît seule de vivre.

Pendant une de ses sorties momentanées, il appela le subrécargue Rol.

Celui-ci accourut.

— Que désirez-vous, commandant?

— Je crois, dit Bontekoe, qu'il serait nécessaire de jeter les poudres à la mer.

— Mais, capitaine, dit celui-ci, une fois les poudres noyées, qu'arrivera-t-il si nous rencontrons des pirates ou que nous abordions dans une île dont les habitants nous soient hostiles?

— Tu as raison, dit Bontekoe; nous aviserons à cela plus tard.

Et il se remit à donner ses ordres au milieu de la fumée, avec le même courage qu'auparavant.

Cependant le feu ne diminuait pas, et la fumée devenait de plus en plus épaisse. Bontekoe fut forcé de passer de la cale dans l'entre-pont.

On prit des haches et l'on fit dans le plancher de grands trous à travers lesquels on continua de verser de l'eau, comme on faisait en même temps par les écoutilles.

Pendant ce temps on mettait à la mer, non-seulement le grand canot, mais encore la chaloupe, qui, étant sur le pont, causait un grand embarras à ceux qui puisaient l'eau.

En jetant en ce moment les yeux sur toute l'étendue, ce que, de temps en temps et en silence, les hommes du *Nieuw-Hoorn* faisaient avec anxiété, on ne voyait rien qu'une mer nue et déserte.

Pas une terre, pas un bâtiment; nulle retraite à espérer, nul secours à attendre.

A cette vue, l'instinct de la conservation l'emportant sur le devoir, chaque homme se glissa hors du bord, se laissant glisser du porte-haubans dans l'eau, et, une fois dans l'eau, nageant vers le canot de la chaloupe, y montant, et là, silencieux, se cachant sous les bancs et sous les voiles, et n'attendant pour s'éloigner que le moment où ils se jugeraient n'être ni trop ni trop peu.

Alors ils abandonneraient impitoyablement leur capitaine et leurs camarades.

En ce moment le subrécargue Rol entra par hasard dans la galerie, vit tous ces hommes glissant, nageant, s'entassant dans la chaloupe et le canot.

— Que faites-vous? leur cria-t-il, que méditez-vous?

— Pardieu! répondirent-ils, nous faisons une chose bien simple, nous nous sauvons; nous méditons une chose toute naturelle, de nous mettre hors de danger.

Puis vingt voix crièrent : Venez avec nous, Rol, venez avec nous!

Le subrécargue réfléchit un instant que c'était peut-être le seul moyen de déterminer ces hommes à attendre le capitaine.

Il descendit à son tour par-dessus bord et gagna le canot.

Mais, sans lui donner le temps de parler et sans écouter ce qu'il disait, à peine le virent-ils à bord qu'ils coupèrent le grelin qui les retenait encore au bâtiment, et qu'en quelques secondes ils se trouvèrent à plusieurs encâblures du vaisseau.

La chaloupe en fit autant.

Aussitôt les cris de : Capitaine! capitaine! retentirent à bord du bâtiment.

Bontekoe sortit la tête de l'écoutille.

Il vit ceux qui étaient restés sur le pont, pâles, muets, lui montrant de la main un objet qu'ils voyaient, eux, mais que lui, plongé à moitié dans le faux-pont ne pouvait voir.

Seulement ces cris se faisaient jour à travers ces lèvres pâles, ces dents serrées :

— Le canot! la chaloupe! ils fuient!

Bontekoe s'élança sur le pont, et du premier coup d'œil devina tout : le danger que fuyaient ses hommes, le danger qui le menaçait.

— S'ils nous ont quittés dans un pareil moment dit-il en secouant la tête, c'est pour ne plus revenir.

— Mais, alors, que faire, capitaine?

Et tous ces hommes, comme si Bontekoe eût été un dieu, demeuraient suspendus aux paroles qu'il allait prononcer.

Bontekoe était un homme plus courageux que les autres, peut-être, mais enfin ce n'était qu'un homme.

Il jeta un long regard circulaire autour de lui, un de ces regards qui reculent les horizons.

Mais nulle part il ne vit rien, ni terre, ni voile, rien que ces deux canots qui, sans savoir où ils allaient, plus insensés encore que leurs compagnons, fuyaient à toutes rames.

Puis, tout à coup, prenant sa résolution :

— Hisse vite et déferle! cria Bontekoe.

On commença par exécuter l'ordre du capitaine, puis on s'informa pourquoi cet ordre avait été donné.

— Pourquoi? dit Bontekoe, parce que nous allons essayer de les rejoindre, et que si, une fois que nous les aurons rejoints, ils refusent de nous recevoir dans leur chaloupe, nous ferons passer le bâtiment par-dessus ces misérables pour leur apprendre à faire leur devoir.

En effet, grâce à cette manœuvre et à l'ignorance où étaient les fugitifs qu'elle allait être commandée et exécutée, on approcha d'eux à la distance seulement de trois longueurs de vaisseau ; mais eux, manœuvrant de leur côté, s'aidant à la fois des voiles et des rames, gagnèrent au vent et s'éloignèrent.

Cette dernière espérance du capitaine fut donc encore déçue.

Il poussa un soupir ; puis, secouant la tête comme pour en écarter ses propres angoisses :

— Vous voyez, mes amis, dit-il, qu'il ne nous reste plus d'espoir que dans nos propres efforts et dans la miséricorde du Seigneur. Redoublons donc de courage ; qu'une partie de nous continue d'essayer à éteindre l'incendie, tandis que les autres jetteront la poudre par-dessus bord.

Il s'agissait cette fois d'obéir, et d'obéir promptement ; s'il restait une ressource en ce cas extrême, c'était l'unité des manœuvres.

Chacun se mit donc au travail commandé ; et, tandis qu'une vingtaine d'hommes couraient à la soute aux poudres, Bontekoe, distribuant des tarières et des gouges, donnait l'exemple en essayant de percer des trous dans la cale du bâtiment.

Mais là se rencontra un obstacle auquel on n'avait pas songé : gouges et tarières rencontrèrent le bordage du bâtiment et ne purent se faire jour.

C'était le dernier espoir. Cet espoir perdu, le bâtiment présenta une vaste scène de désolation.

Cependant Bontekoe parvint encore à vaincre cette première manifestation de désespoir, et il obtint que l'on continuât de jeter les poudres à la mer.

Lui-même se mit à cette dangereuse besogne, laissant à d'autres le soin de continuer à verser l'eau dans la cale.

Un instant on crut que le feu avait diminué, et l'on respira.

Tout à coup on vint annoncer à Bontekoe que le feu venait de prendre aux huiles.

Dès lors la perte fut inévitable : plus on jetait d'eau, plus l'huile enflammée, montant avec l'eau, approchait l'incendie du pont ; et cependant, machinalement, on continua, au milieu des cris et des hurlements, qui donnaient à tous ces hommes, courant au milieu de la fumée avec des gestes désespérés, l'apparence de véritables démons.

Pourtant l'exemple du capitaine maintenait tous ces hommes.

On avait déjà jeté soixante demi-barils de poudre à la mer, mais il en restait encore trois cents.

On voyait le feu s'approcher inexorablement de la sainte-barbe ; enfin les hommes qui s'y trouvaient, quoiqu'ils n'eussent pas plus d'espérance d'échapper à un endroit qu'à un autre, abandonnèrent la soute aux poudres, et, avec ce besoin d'air et d'espace que l'on éprouve dans les grands dangers, s'élancèrent sur le pont en criant : — Les poudres ! les poudres !

En ce moment il y avait encore cent dix-neuf hommes sur le bâtiment.

Bontekoe était près de la grande écoutille ; il avait dans le cercle de son regard soixante trois hommes qui puisaient de l'eau.

Il se retourna à ces cris, vit ces hommes pâles, effarés, tremblants, comprit que tout était perdu, tendit les bras vers le ciel et s'écria :

— Mon Dieu, Seigneur ! faites-moi miséricorde !

« Il n'avait pas achevé ce dernier mot qu'avec un bruit terrible le bâtiment s'ouvrit, jetant des flammes comme le cratère d'un volcan, et que lui et tous ceux qui l'entouraient disparurent avec la promptitude d'un éclair, lancés dans l'espace avec les débris enflammés du *Nieuw-Hoorn*.

III

L'EAU

« Au milieu des airs où je me trouvais lancé, dit Bontekoe lui-même dans la relation qu'il a faite de ce terrible événement, non-seulement je conservai toute ma liberté d'esprit, mais encore je conservai au fond de mon cœur une étincelle d'espérance.

« Bientôt je sentis que je redescendais, et, au milieu de la flamme et de la fumée, je retombai dans l'eau entre les débris du navire, broyé en mille pièces!

« Dans cette situation mon courage grandit, et

il me sembla que je devenais un autre homme. Je
jetai les yeux autour de moi, et je vis le grand mât à
mon côté droit et le mât de misaine à mon côté gauche. Je gagnai le plus proche, — c'était le grand
mât, — je m'y cramponnai, et, le cœur plein de
larmes, voyant tous ces tristes objets dont j'étais environné, je m'écriai avec un grand soupir :

« — O mon Dieu ! est-il possible que ce beau navire ait péri comme Sodome et comme Gomorrhe ! »

Peu d'hommes, on en conviendra, ont été assez
heureux pour écrire des lignes semblables à celles
que nous venons de traduire.

Et cependant Bontekoe n'était pas le seul qui dût
survivre à cette catastrophe.

A peine s'était-il cramponné à son mât, à peine
avait-il prononcé les paroles que nous avons dites,
qu'il vit une vague s'ouvrir et qu'il apparaissait à la
surface de l'eau un jeune homme qui semblait sortir
des profondeurs de la mer.

Arrivé là il regarda autour de lui, aperçut une
partie de l'éperon du navire qui flottait à quelques
brasses de lui, nagea vigoureusement dans sa direction, s'y cramponna, et sortit alors non-seulement

la tête, mais encore la poitrine, hors de l'eau, en s'écriant :

— Ah ! le Seigneur soit loué ! je suis donc encore de ce monde !

Bontekoe ne pouvait en croire ses yeux ; mais, quand ces paroles parvinrent jusqu'à lui :

— Oh ! s'écria-t-il à son tour, y a-t-il donc un autre homme que moi de vivant ici ?

— Oui ! oui ! il y a moi ! répondit le jeune homme.

— Qui, toi ?

— Hermann Van Knipheusen.

Bontekoe fit un effort, se souleva sur les vagues et le reconnut en effet.

Près du jeune homme flottait un petit mât, et comme celui qui soutenait le capitaine ne cessait de rouler et de tourner sur lui-même, ce qui le fatiguait beaucoup :

— Hermann, dit-il, pousse-moi cette esparre ; je me coucherai dessus, et, une fois dessus, je la pousserai vers toi, afin que nous courions les mêmes chances.

— Ah ! c'est vous, capitaine ! dit le jeune homme. Quel bonheur !

Et, sain et vigoureux, malgré le saut qu'il avait fait dans l'espace, malgré le plongeon qu'il avait fait sous l'eau, il poussa l'esparre jusqu'à Bontekoe, qui s'y cramponna.

Il était temps : brisé comme il l'était, avec le dos fracassé et la tête trouée en deux endroits, il lui eût été impossible de joindre cette esparre.

Ce fut alors seulement que Bontekoe jugea son état : il lui paraissait que tout son corps n'était qu'une plaie, et la douleur l'envahit tout entier avec tant de force qu'il cessa tout à coup de voir et d'entendre.

— A moi, Hermann ! dit-il. Je crois que je me meurs !

Hermann le retint comme il allait couler, le plaça sur l'éperon, et, quelques minutes après, il eut la joie de lui voir rouvrir les yeux.

Ses yeux se portèrent d'abord vers le ciel ; puis, s'abaissant à la surface de l'eau, ils cherchèrent une chose à laquelle ni l'un ni l'autre n'avait songé jusque-là : le canot et la chaloupe.

Ils les aperçurent, mais à une distance qui leur parut énorme.

Le soir venait.

— Hélas! mon pauvre ami, dit Bontekoe à Hermann, je crois que tout espoir est à peu près perdu pour nous. Il est tard, le soleil s'abaisse à l'horizon.

Il est impossible, pour moi du moins, que je me soutienne toute la nuit au-dessus de l'eau.

Élevons donc nos cœurs à Dieu, et demandons-lui notre salut avec une résignation complète à sa volonté.

Nous l'avons dit : le grand enseignement de ce livre que nous écrivons, ce n'est point ce qu'on y apprendra de nouveau en géographie, en relations de pays inconnus, en détails de mœurs; non : c'est cette grande vérité jaillissante de tout grand danger : c'est qu'à l'heure suprême de ce danger l'esprit de l'homme tourne à Dieu comme tournait au pôle l'aiguille aimantée qui dirigeait ce bâtiment qui n'existe plus.

Tous deux se mirent en prières; tous deux, isolés au milieu de l'Océan, sans autre soutien qu'un débris, s'absorbèrent tellement dans cette humilité de la créature devant le Créateur qu'ils oublièrent tout, jusqu'au danger dont ils priaient le Seigneur de les délivrer.

Ils prièrent ainsi un quart d'heure.

Hermann, le plus jeune, cessa le premier de prier et le premier leva les yeux au ciel.

Il jeta un cri de joie.

A ce cri, Bontekoe, à son tour, sortit de cette espèce d'extase suprême et regarda autour de lui.

Le canot et la chaloupe n'étaient qu'à une centaine de toises d'eux.

A cette vue Bontekoe fit un effort, et, sortant à moitié de l'eau :

— Sauvez ! sauvez le capitaine ! criait-il ; nous sommes encore deux hommes vivants !

A ce cri quelques matelots se levèrent dans la chaloupe, se regardant avec étonnement et criant à leur tour, en levant les bras au ciel :

— Miséricorde ! Est-ce possible ! le capitaine vit encore !

— Oui, oui, mes amis ! répondit Bontekoe. Venez, venez !

Les matelots s'approchèrent des débris. Alors, voyant venir la barque de son côté, Hermann n'eut point la patience de l'attendre ? il se détacha de l'éperon et nagea vers elle.

Cinq minutes après il était dans la chaloupe.

Mais, tout brisé qu'il était, Bontekoe n'en put faire autant.

— Mes amis, cria-t-il, si vous voulez me sauver, il faut venir à moi, car je ne puis nager.

Mais les matelots hésitaient : la mer était couverte de débris, un mât heurtant le canot ou la chaloupe pouvait les faire chavirer ou leur faire quelque trou.

Alors le trompette du bâtiment se dévoua, prit une ligne de sonde, se jeta à la mer, en apporta le bout au capitaine, qui le fixa autour de son corps, et, grâce à ce secours, put arriver jusqu'à la chaloupe.

Il y trouva le subrécargue Rol, le second pilote Meinder Kryns et une trentaine de matelots.

Tous ces hommes regardaient avec étonnement le capitaine et Hermann, ne pouvant se persuader qu'ils vécussent encore.

Seulement Bontekoe était dans un état déplorable, souffrant cruellement de sa blessure du dos et de ses deux trous à la tête.

Il avait fait faire, pendant sa relâche à l'île Sainte-Marie, une espèce de petite cabane à l'arrière de la chaloupe, et, croyant qu'il allait mourir, dans le désir qu'il avait de passer de ce monde à l'autre avec la piété et le recueillement qui conviennent à ce moment suprême, il pria ses hommes de l'y transporter.

Mais, en s'y couchant, il leur donna encore ce conseil, croyant que c'était le dernier qu'il leur donnerait.

— Mes amis, leur dit-il, si vous m'en croyez, vous demeurerez cette nuit près des débris. Demain, au jour, vous pourrez sauver quelques vivres et retrouver la boussole.

Et en effet on s'était sauvé avec une précipitation telle qu'à peine avait-on pris quelques barils d'eau et quelques livres de biscuit. Quant à la boussole, le premier pilote, soupçonnant les projets de fuite de l'équipage, l'avait enlevée de l'habitacle.

La nuit vint.

Alors, au lieu de suivre le conseil du capitaine agonisant, Rol fit prendre les avirons et ordonna de ramer.

— De quel côté? demandèrent les matelots.

— Au hasard! dit Rol. Dieu nous conduira.

Aussitôt les deux chaloupes s'éloignèrent, nageant assez près l'une de l'autre pour ne pas se perdre de vue, malgré l'obscurité.

Au jour on était également loin de la terre et des débris, et l'on ne voyait, aussi loin que la vue pouvait s'étendre, que le ciel et l'eau. Alors on résolut de s'assurer si le capitaine était mort ou encore vivant, Bontekoe, pendant toute cette nuit, n'ayant, même par ses plaintes, donné aucun signe d'existence.

Il vivait, et même il allait un peu mieux.

— Oh! capitaine, dit Rol, qu'allons-nous devenir? Pas de terre dans le voisinage, pas de bâtiment en vue, et nous sommes littéralement sans vivres, sans carte et sans boussole.

— C'est votre faute, répondit Bontekoe; pourquoi ne m'avez-vous pas cru hier au soir? Pourquoi n'êtes-vous point demeurés toute cette nuit en vue des débris?

Pendant que j'étais cramponné au grand mât j'ai remarqué qu'autour de moi flottaient des quartiers de lard, des fromages et toutes sortes de provisions.

Ce matin vous les eussiez recueillies, et de quelques jours au moins vous ne seriez point exposés à mourir de faim.

— Nous avons eu tort, capitaine, dit Rol, mais

pardonnez-nous, la tête était perdue. Maintenant faites un effort, nous vous en supplions; sortez de la cabine et essayez de nous conduire.

Bontekoe essaya de se soulever, mais, retombant aussitôt :

— Vous voyez-bien, mes amis, dit-il, que c'est chose impossible; je suis tellement brisé par tout le corps que je ne puis me tenir debout, à plus forte raison assis.

Cependant les matelots insistèrent, et, avec leur secours, Bontekoe parvint à gagner le pont et à s'y asseoir.

Alors il demanda quels étaient les vivres.

On lui fit voir sept ou huit livres de biscuit.

— Cessez de ramer, dit aussitôt le capitaine.

— Pourquoi cela?

— Parce que vous userez inutilement vos forces, n'ayant pas de quoi les réparer.

— Mais nous allons donc mourir sans rien faire pour échapper à la mort? demandèrent ces hommes désespérés.

— Vous allez réunir toutes vos chemises, et de vos chemises faire une grande voile en les cousant l'une à l'autre avec du fil de caret; de ce que vous aurez de trop vous fabriquerez des écoutes et des couets.

Ce que je dis pour le canot, je le dis pour la chaloupe.

Quand nous pourrons marcher à la voile, nous nous fatiguerons moins. D'ailleurs ce sera véritablement Dieu qui nous guidera alors, et probablement Dieu, qui nous a protégés jusqu'à présent, aura pitié de nous jusqu'à la fin.

L'ordre donné s'exécuta aussitôt.

Pendant qu'ils travaillaient à leur voile, Bontekoc compta ses hommes.

Il y en avait quarante-six dans la chaloupe et vingt-six dans le canot.

Alors on s'occupa un peu du pauvre capitaine, qui oubliait ainsi ses souffrances pour veiller sur le salut des autres.

Il y avait dans la chaloupe un coussin et une capote bleue : on les lui céda en faveur de sa situation exceptionnelle; puis le chirurgien, qui par bonheur s'était sauvé, eut l'idée de couvrir ses plaies avec des cataplasmes de biscuit mâché qui lui firent grand bien.

Pendant toute la première journée, et tant que les voiles ne furent pas faites, on s'abandonna au mouvement des flots.

Le soir les voiles furent achevées.

On les envergua et on les mit au vent.

C'était le 20 novembre.

Heureusement à cette époque on se guidait encore sur les vastes mers presque inconnues par le cours des étoiles.

Bontekoe en connaissait parfaitement le lever et le coucher.

Cependant, le 21 et les jours suivants, comme on commençait à reconnaître l'insuffisance de ces guides célestes, on s'occupa de construire un quart de cercle pour prendre hauteur.

Le menuisier du bâtiment, Tennis Sybrants, qui avait un compas et quelques connaissances de la manière dont la flèche devait être marquée, entreprit cette œuvre difficile ; enfin, chacun s'aidant, les uns apportant leur intelligence, les autres leur travail manuel, on parvint à confectionner un quart de cercle dont on pouvait se servir.

Bontekoe grava la carte marine sur une planche ;

il y traça la figure de l'île de Sumatra, de celle de Java et du détroit de la Sonde, qui partage ces deux îles; et comme le jour même de la catastrophe, ayant pris hauteur vers le midi, il s'était trouvé que l'on voguait par les 50° 30' de latitude sud, on put gouverner à peu près vers l'entrée du détroit.

Les terres qu'on apercevrait, si l'on avait le bonheur d'en apercevoir, serviraient à rectifier les erreurs, même lorsqu'on ne pourrait point y descendre.

En effet, dans ces parages, tout était hostile encore, îles et continent.

La situation était terrible : l'air de la nuit était glacial; le jour, le soleil était dévorant.

Avec tout cela on n'avait pour provision que sept ou huit livres de biscuit.

Bontekoe prit le gouvernement de cette misérable provision, qu'il s'agissait d'économiser le plus possible.

Tous les jours il distribuait à chaque homme sa ration; mais, quoique cette ration pour chacun fût un morceau à peine de la grosseur du petit doigt, on en vit bientôt la fin.

Quant à de l'eau, on n'en avait plus depuis longtemps, et l'on ne buvait que lorsque le ciel envoyait aux pauvres abandonnés quelque pluie propice.

Alors on amenait les voiles, on les étendait pour recueillir le plus d'eau possible, et l'on faisait couler cette eau dans deux petits barils, les seuls qu'on eût emportés, et on la tenait en réserve pour les jours où il ne tombait point de pluie.

Au milieu de cette double famine, comme l'espoir de tous reposait sur le capitaine, on le suppliait de prendre double et triple part d'eau et de biscuit ; mais lui s'y refusa toujours, disant qu'en face de la mort et sous l'œil du Seigneur il n'était ni plus ni moins qu'eux, et que, partageant leurs dangers, il partagerait leurs privations.

Comme l'eau avait manqué d'abord, le biscuit, si bien ménagé qu'il fût, manqua à son tour ; seulement chaque nuage du ciel semblait promettre de l'eau, tandis que, le biscuit manquant, c'était pour toujours.

Alors on vit ces rudes figures s'assombrir ; — puis on entendit ces voix rauques proférer d'abord des plaintes, puis des menaces.

On resta un premier jour sans manger, puis un second.

Quelques gouttes d'eau étaient le seul soutien de ces hommes qui se regardaient avec des yeux fauves, pleins d'éclairs et de menaces.

Ce fut alors que le capitaine essaya d'user de son influence; mais cette influence se perdait peu à peu.

Les plus affamés murmurèrent qu'il s'était trompé dans son estime, et que lui, qui souffrait comme eux, qui, s'ils devaient mourir, mourrait avec eux, avait, par vengeance, porté le cap sur la mer au lieu de le porter sur la terre.

Quand l'homme en arrive à ce point de folie, il n'y a plus rien à lui dire; ses instincts deviennent ceux de la fauve, et il faut s'apprêter à se défendre contre lui comme on se défendrait contre quelque bête féroce.

En ce moment, comme si le ciel eût voulu manifester directement sa providence à l'égard de ces malheureux, une bande de mouettes vint voltiger sur la chaloupe, et, chose miraculeuse! se laissa prendre à la main.

Chacun en eut deux ou trois, les pluma, les saigna avec ses dents, but leur sang tout chaud et mangea leur chair toute crue.

Bontekoe les regardait faire en frissonnant. C'était là un terrible apprentissage que faisaient ses hommes d'un autre sang et d'une autre chair.

Ce sang et cette chair leur avaient paru délicieux.

Cependant on vit la fin des mouettes encore plus vite que l'on n'avait vu celle des biscuits, et alors, comme on ne voyait encore aucune terre, on retomba dans la même consternation.

Les hommes du canot se rapprochèrent de ceux de la chaloupe, et, poussés par ce besoin de société qui anime l'homme dans les dangers suprêmes, après avoir échangé quelques paroles les uns avec les autres, ils déclarèrent à Bontekoe qu'ils voulaient courir la même fortune, vivre ou mourir ensemble, et qu'en conséquence la chaloupe étant la plus grande des deux embarcations, la chaloupe recevrait à son bord les vingt-six hommes du canot.

Déjà cette proposition avait été faite une première fois, et le capitaine avait obtenu qu'elle ne fût point adoptée, attendu que c'était doubler le danger.

Une première fois on l'avait écouté; mais, arrivé au point où l'on en était, il jugea que toute observation serait inutile et n'en hasarda aucune.

Il s'occupa seulement à rendre le transbordement le moins dangereux possible.

Il y avait trente avirons dans la chaloupe ; on les amarra les uns aux autres, et on les rangea dans la chaloupe en leur donnant aux deux extrémités un point d'appui sur les bancs en forme de pont.

La chaloupe avait assez de creux pour qu'un homme pût se tenir assis sous ce toit de rames.

La troupe fut partagée en deux partiés, et, comme elle était de soixante-douze hommes, trente-six durent se tenir sous ce couvert et trente-six dessus.

Tous ces hommes étaient mornes et sombres, et, à chaque fois que ceux du dessous prenaient le jour pour faire leur quart, on pouvait lire sur leur visage un degré de tristesse ou de désespoir de plus.

Une nouvelle manne, non moins providentielle que la première, ne tomba point du ciel cette fois, mais sortit de l'eau.

Un banc de poissons volants, poursuivi par quelque dorade invisible, s'éleva de la mer et vint tomber dans la chaloupe.

Chacun, comme il avait fait des mouettes, en prit deux ou trois.

La moyenne de la grosseur de ces poissons était celle d'un merlan.

Comme les mouettes, les poissons furent mangés crus.

On en eut encore pour deux jours de patience; mais, au bout de ces deux jours, la faim se fit sentir de nouveau.

La tristesse, un instant effacée des visages, reparut pour faire à son tour place au désespoir.

Les uns mâchèrent des balles de plomb pour tromper leur faim, les autres mordaient les boulets des pierriers pour se rafraîchir la bouche.

Enfin d'autres, plus désespérés, malgré les remontrances du capitaine, commencèrent à boire de l'eau de mer.

Et cependant, malgré les souffrances et les fatigues éprouvées, personne n'était malade, et Bontekoe, lui-même, le plus malheureux de tous, sentait que ses blessures se cicatrisaient.

Seulement il était évident pour tous qu'on touchait à la catastrophe suprême, et qu'entre ces soixante-douze hommes entassés sur un si petit espace il allait se passer quelque chose d'effroyable.

Un soir, deux hommes s'approchèrent de Bontekoe.

Le capitaine, qui tenait sa tête cachée entre ses deux mains, sentant que ces hommes s'étaient arrêtés devant lui et avaient sans doute quelque chose à lui dire, releva la tête.

Ils restèrent cependant silencieux pendant quelques instants.

Bontekoe plongea ses regards dans les leurs, essayant d'y lire ce qu'ils voulaient.

Enfin un des deux hommes rompit le silence, et annonça au capitaine que l'équipage avait pris la résolution de manger les mousses.

— Malheureux ! s'écria Bontekoe.

— On a faim ! répliqua le matelot.

— Écoutez, reprit Bontekoe, touché malgré lui de ce refrain terrible et monotone ; écoutez : vous avez encore un baril d'eau ; c'est assez pour soutenir votre vie pendant trois jours.

Accordez-moi ces trois jours ; c'est le délai qu'on avait donné à Christophe Colomb : vous ne me le refuserez pas.

Les deux hommes, ayant consulté leurs compagnons, répondirent que les trois jours étaient accordés.

Mais qu'après ces trois jours...

— Ah! si seulement nous étions à terre, ajouta un des deux hommes en se retirant, nous mangerions de l'herbe.

Bontekoe essuya une larme.

Après l'avoir fait frémir, ces hommes le faisaient pleurer.

IV

LA TERRE

Le lendemain, Bontekoe, pour rendre quelque courage à ces hommes abattus, essaya de les initier à son travail d'*estime* et de leur montrer la route et la latitude; ils secouèrent la tête avec apathie, mais restèrent fidèles à la promesse qu'ils avaient faite d'attendre trois jours avant de mettre à exécution leur atroce projet de manger les mousses de l'équipage.

Le second jour, comme depuis soixante heures on

ne se soutenait plus qu'avec de l'eau, les forces commencèrent à manquer tout à fait.

La plus grande partie de l'équipage ne pouvait plus ni se lever ni se tenir debout; le subrécargue Rol, entre autres, était si abattu qu'il ne pouvait plus bouger, et que, couché tout de son long sur le pont, à peine son œil indiquait-il qu'il prenait encore quelque part à ce qui se passait autour de lu.

Par un miracle de la Providence, au fur et à mesure que les autres s'affaiblissaient, le capitaine, au contraire, guérissant de ses blessures, semblait reprendre des forces.

Il était le seul qui trouvât dans sa volonté assez de vigueur pour aller d'un bout à l'autre de la chaloupe.

On était au deuxième jour de décembre, le treizième depuis la catastrophe.

Vers les cinq heures du soir le ciel se couvrit et quelques gouttes de pluie commencèrent à tomber; cette pluie, qui promettait un rafraîchissement, donna quelque force aux hommes.

On détacha les voiles des vergues, on les étendit sur le pont, on se glissa dessous, et chacun, la pluie ayant redoublé, but à sa soif, sans que cela nuisit aux deux petits tonneaux, qui furent remplis.

Pendant ce temps le capitaine était au timon, et, de plus en plus confiant dans son *estime*, il avait la conviction que l'on approchait de la terre; aussi s'obstinait-il à rester à ce poste, espérant que la pluie cesserait et qu'il se ferait quelque éclaircie dans l'horizon ; mais, la pluie continuant de tomber, le capitaine se refroidissant de plus en plus, force lui fut d'appeler un quartier-maître, de le placer à son poste, lui recommandant la plus exacte vigilance.

Puis il revint se coucher auprès des autres, où il reprit lentement un peu de chaleur.

A peine le quartier-maître était-il depuis un quart d'heure au timon que, la pluie ayant cessé, le temps s'étant éclairci, on le vit tout à coup se relever vivement, placer sa main en abat-jour sur ses yeux, et d'une voix éclatante crier à deux reprises :

— Terre ! terre !

A ce cri, tout le monde tressaillit ; les plus faibles trouvèrent des forces pour se relever. On se précipita à l'avant avec une telle énergie que la chaloupe faillit chavirer.

C'était en effet la terre.

Un cri de joie, d'actions de grâces, de bonheur, sortit de toutes les poitrines ; l'amour de la vie se faisait jour dans toute son énergie, et chacun répétait : Terre ! terre ! comme si dans ce mot il y avait déjà un adoucissement physique et matériel à leurs maux.

Mais, en approchant du rivage, on vit que la mer brisait avec une telle force que l'on résolut, si pressé que l'on fût de mettre pied à terre, de chercher un plus sûr mouillage.

Le danger terrible auquel on venait d'échapper faisait que tous ces hommes semblaient plus que jamais tenir à la vie.

Aussi écoutèrent-ils avec une admirable docilité les observations du capitaine.

On longea patiemment la côte ; mais, au bout d'une heure, on aperçut une baie vers laquelle on se dirigea, et où l'on jeta sans difficulté un petit grappin que l'on avait sauvé et qui servit à amarrer la chaloupe au rivage.

Chacun se précipita sur ce rivage tant attendu, si désiré ; puis, tandis qu'à genoux le capitaine, en son nom et au nom de tous, remerciait Dieu, l'équipage, autant que ses forces le lui permettaient, se mit à parcourir l'île et à chercher de quoi satisfaire sa faim.

L'île était complétement déserte, et le seul fruit qu'elle produisait était un nombre infini de cocos.

C'était déjà une grande joie.

La liqueur qui entoure la noix, et qu'on appelle lait de coco, est d'une saveur agréable, chacun en abattit autant qu'il voulut, mangeant la chair des plus mûrs, buvant la liqueur des moins avancés.

Mais, comme tout le monde avait fait excès de cette liqueur, l'équipage ne tarda point à éprouver des tranchées si violentes que le capitaine commença à croire que lui et ses hommes étaient tombés sur quelque variété pernicieuse, et que tout le monde était empoisonné.

Ces douleurs étaient si violentes que les malheureux n'obtenaient quelque soulagement qu'en s'ensevelissant jusqu'à la tête dans le sable brûlant.

Après quinze heures de souffrances, les douleurs diminuèrent, et peu à peu disparurent tout à fait.

On chargea la chaloupe de cocos, et, après s'être assuré que l'île était bien réellement déserte, on remit à la voile vers les quatre heures de l'après-midi.

Le lendemain on eut connaissance de Sumatra.

Malgré la défectuosité de ses instruments, Bontekoe ne s'était pas trompé.

Mais aborder n'était pas chose facile; des brisants s'étendaient sur toute la côte.

On longea cette côte pendant plusieurs heures.

Enfin, quatre hommes de bonne volonté, excellents nageurs, offrirent de se mettre à l'eau, de gagner le rivage, et de chercher de leur côté, à terre, quelque endroit où l'on pût aborder.

L'offre acceptée, ils se dévêtirent, ne gardant que leurs caleçons, et nagèrent côte à côte afin de pouvoir, en cas de besoin, se porter secours les uns les autres.

De son côté, la chaloupe cessa d'avancer jusqu'au moment où ils eurent traversé les brisants, se tenant d'eux le plus près possible.

Ils arrivèrent au rivage après une lutte terrible contre les vagues, mais cependant sans accident grave.

Une fois la terre prise, ils marchèrent le long du bord, tandis que, de son côté, la chaloupe côtoyait l'île.

Enfin ils arrivèrent sur le talus d'une rivière et

firent signe que quelque chose de nouveau se présentait.

On rasa la côte de plus près et l'on arriva à l'embouchure de la rivière.

Devant cette embouchure s'étendait une espèce de barrage où la mer brisait plus violemment encore que sur les autres points déjà examinés.

Le capitaine était d'avis que l'on ne tentât point le passage.

Mais l'équipage tout entier fut d'un avis contraire.

Il ne resta donc à Bontekoe qu'à diriger la manœuvre de manière à neutraliser la force des vagues avec le plus d'habileté possible.

En conséquence, de chaque côté de la chaloupe, il plaça deux hommes avec un aviron paré, et lui-même prit la barre pour aller droit couper la lame.

Ces précautions prises, on s'avança comme à une charge.

La première lame que l'on attaqua remplit d'eau la moitié de la chaloupe; mais on était préparé à l'accident, et les hommes, avec leurs chapeaux et leurs souliers, en vidèrent autant qu'ils purent.

Immédiatement arriva une seconde vague.

Celle-là était si haute et si furieuse, que l'équipage submergé se crut perdu ; cependant, au milieu de tout cela, le travail continuait ; on rejetait l'eau par-dessus bord, à l'aide de tous les moyens possibles, ce qui n'eût servi à rien, si la troisième attaque eût été ausi terrible que les deux premières ; mais, par bonheur, cette fois la lame fut courte, et comme la marée commençait à remonter, elle souleva l'arrière de la chaloupe, qui se trouva tout à coup avoir franchi le barrage.

On se trouva donc dans la rivière.

Le premier soin fut de goûter l'eau. Elle était douce !

Cette chance fit qu'en un instant, peines et fatigues, tout fut oublié.

Tout le monde cria d'une même voix : A terre !

On dirigea la chaloupe vers le rivage, et, en quelques secondes, il n'y avait plus un seul homme dans l'embarcation.

Ce fut encore un de ces moments de bonheur comme les marins seuls en éprouvent.

Aussitôt chacun se mit à chercher parmi les buissons, sur les arbres, dans les herbes, et l'on finit par découvrir une espèce de petites fèves pareilles à celles de Hollande.

On y goûta : elles avaient le même goût, et, probablement, appartenaient à la même famille.

Une pointe de terre s'étendait comme un cap devant l'endroit où l'on venait de débarquer.

Quelques hommes, moins fatigués que les autres, prirent leur course vers ce point, et, au bout de quelques minutes, revinrent avec du tabac et du feu.

Ces deux objets prouvaient, cette fois, qu'on était non-seulement dans une île habitée, mais encore que ceux qui l'habitaient n'étaient pas bien éloignés.

On avait deux haches dans la chaloupe. Deux matelots se mirent à abattre des arbres, et l'on alluma trois ou quatre grands feux.

Les matelots s'assirent à l'entour de ces feux et se mirent à fumer et à manger leurs fèves.

Le soir vint. On ne savait pas où l'on était; on n'avait pas aperçu un seul naturel du pays.

La prudence exigeait que l'on prît les plus grandes précautions.

On en référa au capitaine.

Bontekoe ordonna de doubler les feux et posa trois sentinelles aux avenues du camp.

La lune, dans son dernier quartier, ne jetait qu'une faible lumière.

Chacun s'arrangea de son mieux, et, malgré la situation précaire, s'endormit.

On comprend ce qu'avait dû être le sommeil des malheureux naufragés pendant les quatorze jours de navigation.

Vers minuit, une des trois sentinelles se replia doucement, et, réveillant le capitaine, lui annonça qu'une troupe considérable d'insulaires s'avançait.

Le capitaine réveilla ses hommes.

On était, par malheur, fort mal armé, les seules armes que l'on eût étant les deux haches dont nous avons déjà parlé et une épée rouillée.

Bontekoe, à défaut d'armes, ordonna à chaque homme de prendre un tison ardent et de charger les insulaires aussitôt qu'ils paraîtraient.

Cette idée du capitaine ranima tous les courages; chacun, plongeant le bout de son arme dans un des foyers communs, attendit tranquillement le signal, et, au signal donné, chacun s'élança sur l'ennemi.

La vue de ces soixante-douze hommes s'élançant en poussant de grands cris et en brandissant leurs épieux enflammés, d'où s'échappaient à la fois de la fumée, de la flamme et des étincelles, produisit au milieu des ténèbres un effet dont on peut se faire une idée.

Les insulaires ne tinrent pas un seul instant et ne tirèrent pas une seule flèche; ils s'enfuirent à toutes jambes, répondant par des cris de terreur aux cris d'attaque et de provocation que poussaient les matelots.

Un bois s'étendait comme un rideau devant eux; ils s'y enfoncèrent et disparurent.

Les Hollandais revinrent près de leurs feux ; mais le reste de leur nuit troublée ne fut plus qu'une longue alarme.

A tout hasard le capitaine et Rol se retirèrent dans la chaloupe, afin que, en cas de retour des naturels, elle pût être mise aussi lestement que possible à flot.

Le lendemain, au lever du soleil, tous les regards étaient tournés sur le bois.

Trois insulaires en sortirent et s'avancèrent le long du rivage.

Trois matelots hollandais s'offrirent alors pour marcher au-devant d'eux.

Jamais la première entrevue de plénipotentiaires chargés des plus graves intérêts n'inspira une curiosité pareille à ceux qui pouvaient y assister de loin.

En effet de ce premier contact allait jaillir la paix ou la guerre.

Ces trois matelots, qui avaient déjà navigué dans les mers des Indes et de la Chine, savaient quelques mots de la langue malaise, à l'aide de laquelle ils espéraient se faire comprendre.

Enfin indigènes et étrangers se joignirent.

La première question qui fut faite aux Hollandais fut pour leur demander de quel pays ils étaient.

Les matelots se hâtèrent de répondre qu'ils étaient Hollandais, et se représentèrent comme de malheureux marchands dont le bâtiment avait péri par le feu; puis, interrogeant à leur tour, ils demandèrent s'ils pouvaient par échange obtenir des vivres dont ils avouèrent éprouver le plus grand besoin.

Pendant ce temps les insulaires, qui semblaient fort peu timides, continuaient de s'approcher du camp; mais, comme ils n'étaient que trois, on les laissa faire.

Seulement le capitaine étendit les voiles sur les rames qui formaient le pont, afin que leurs regards ne pussent point plonger jusqu'au fond de la chaloupe.

En effet, cette précaution les inquiéta; ils demandèrent naïvement si les naufragés avaient des armes.

Bontekoe répondit que chaque homme par bonheur avait pu sauver son mousquet, de la poudre et des balles.

Et, montrant la portion de la chaloupe recouverte par les voiles :

— L'arsenal est là, dit-il.

Les indigènes avaient bonne envie de soulever les toiles, mais ils n'osèrent pas.

Voyant que, de ce côté du moins, leur curiosité ne pouvait être satisfaite, les trois insulaires prirent congé des Hollandais en leur annonçant qu'ils allaient leur apporter du riz et des poules.

On fouilla dans toutes les poches et l'on réunit à grand'peine quatre-vingts réaux.

Trois quarts d'heure après, les insulaires revinrent avec des poules et du riz tout cuit.

On les leur paya avec de l'argent pris dans la bourse commune, et ils parurent satisfaits du prix qui leur en fut donné.

Le capitaine alors exhorta ses gens à prendre l'air le plus calme possible et à manger tranquillement.

Les trois insulaires, de leur côté, assistèrent au repas de leurs hôtes.

On essaya alors de faire aux insulaires quelques questions sur l'endroit où l'on se trouvait.

On était bien à Sumatra, comme l'avait présumé le capitaine.

On demanda le gisement de Java; ils indiquèrent de la main sa direction.

On était donc à peu près fixé.

La seule chose qui maintenant manquât à l'équipage, c'étaient des vivres assez abondants pour lui rendre les forces perdues.

Le capitaine résolut alors de tout risquer pour s'en procurer.

Il ne s'agissait pour cela que de remonter la rivière et de gagner un petit village qu'on avait aperçu dans l'éloignement.

Le capitaine, en conséquence, prit tout ce qui restait d'argent, et, avec quatre hommes, il monta dans une petite pirogue.

Arrivé au village, il fit sans difficultés ses provisions, qu'il envoya aussitôt à ses hommes, les adressant à Rol avec recommandation de les distribuer également.

Quant à lui, il s'arrêta dans le village pour s'y reposer et y prendre son repas.

Puis, le repas fini, sans s'inquiéter des insulaires, qui pendant tout le temps qu'il mangeait ne l'avaient pas perdu un instant de vue, il acheta un buffle et se mit en devoir de l'emmener.

Mais l'animal était si sauvage qu'il s'y refusa absolument.

Alors, comme le jour baissait, les quatre matelots proposèrent à Bontekoe de passer la nuit au village et de ne retourner au campement que le lendemain.

Le lendemain, disaient-ils, il leur serait plus facile de s'emparer du buffle et de le conduire à leurs compagnons.

4.

Ce n'était point l'avis de Bontekoe, qui, sans leur imposer toutefois l'obligation de revenir, leur déclara qu'il rejoindrait le camp le même soir, dût-il le rejoindre seul.

Les quatre matelots prièrent le capitaine de les excuser, mais, prétextant leurs fatigues, ils déclarèrent qu'ils profiteraient de la permission qu'ils venaient de recevoir en restant au village.

Le capitaine partit donc seul.

Arrivé au bord de la rivière, il trouva un grand nombre de naturels rassemblés autour de la pirogue qui l'avait amené.

Ils semblaient disputer vivement.

Bontekoe comprit que les uns voulaient qu'on le retînt, les autres qu'on le laissât aller.

Le moment était suprême; la moindre hésitation pouvait tout perdre

Bontekoe marcha aux insulaires, prit les deux premiers venus chacun par un bras, et les poussa en homme qui a le droit de commander et qui commande.

Les insulaires obéirent sans faire une résistance ouverte, mais cependant avec une répugnance marquée et en fixant sur Bontekoe un regard plein de menaces; une fois entrés dans la barque, l'un s'assit à l'avant, l'autre à l'arrière, et tous deux se mirent à ramer.

Chacun d'eux avait son cric passé à sa ceinture.

Placé au centre de la barque, Bontekoe les regardait attentivement et espérait les maintenir avec son regard.

Au tiers de la route, à peu près, celui qui était à l'arrière de la pirogue se leva, vint à Bontekoe et lui déclara par signes qu'il n'irait pas plus loin s'il ne lui donnait de l'argent.

Alors Bontekoe tira de sa poche une petite pièce de monnaie qu'il lui offrit.

L'insulaire la prit, la regarda pendant quelques instants d'un air incertain, puis enfin finit par l'envelopper dans le coin d'un morceau de la toile de sa ceinture.

Puis il alla se rasseoir.

Alors ce fut le tour de celui qui était à la proue.

La même scène d'exigence se renouvela.

Comme il avait fait pour le premier, Bontekoe tira pour celui-ci une seconde pièce de monnaie d'une valeur égale à l'autre et la donna à son second rameur.

Celui-ci la considéra plus longtemps encore et d'un air encore plus incertain que son compagnon ne l'avait fait, portant les yeux alternativement sur l'argent et sur l'homme, et se faisant évidemment cette question :

Dois-je prendre l'argent ? dois-je tuer l'homme ?

Et tuer l'homme lui était aussi facile que prendre l'argent, attendu qu'il était armé et que Bontekoe ne l'était pas.

Bontekoe ne perdait pas un seul instant de vue ses mouvements, et, comme il lisait tout ce qui se passait dans l'esprit du sauvage, quoique sa physionomie demeurât parfaitement calme, son cœur battait violemment.

Et cependant on continuait de descendre la rivière, et cela d'autant plus rapidement que l'on était emporté par le reflux.

Bontekoe avait fait à peu près la moitié de la route lorsque les deux guides commencèrent à échanger quelques paroles, puis bientôt parlèrent avec une vivacité et une véhémence qui ne laissèrent pas que d'inquiéter le brave capitaine.

Il était clair qu'il se tramait quelque complot entre

ces deux hommes, et Bontekoe crut reconnaître à leurs gestes qu'il était question de fondre sur lui chacun d'un côté et de l'assassiner.

Le capitaine adressa une prière mentale à Dieu, et, comme au même instant une idée bizarre lui vint à l'esprit, il ne douta point que ce ne fût Dieu qui la lui envoyât.

C'était de chanter.

En conséquence Bontekoe se mit à chanter à tue-tête et sur un air très-gai une chanson hollandaise.

A ce chant inattendu, si vigoureux qu'il faisait retentir l'écho des bois dont les deux rives étaient couvertes, les deux sauvages se prirent à rire de si bon cœur et en ouvrant si démesurément la bouche que Bontekoe pouvait voir jusqu'au fond de leur gosier.

Pendant ce temps la pirogue glissait rapidement sur le fleuve, et, comme au bout de quelques minutes le capitaine put apercevoir la chaloupe, il comprit qu'il était sauvé.

Il n'en continua pas moins son chant, qui devait à la fois occuper ses deux guides et annoncer au camp son retour.

En effet, quand les notes les plus élevées de sa

gamme (Bontekoe s'inquiétait peu de chanter juste pourvu que sa voix fût entendue), quand les notes les plus élevées de sa gamme parvinrent aux oreilles de ses hommes, chacun abandonna ce qu'il était en train de faire et accourut au bord du fleuve.

Ce fut alors au tour de Bontekoe de commander aux deux insulaires de se mettre à la proue, afin qu'il pût les embrasser tous deux du même regard et échapper ainsi à toute surprise.

Ils obéirent, et, sur l'ordre de Bontekoe, s'étant approchés de la rive, à l'endroit qu'il désignait, le capitaine sauta à terre et se trouva au milieu de ses gens.

L'inquiétude des Hollandais fut grande en voyant le capitaine revenir seul.

Lorsqu'ils avaient entendu son chant, ne lui sachant pas un goût si décidé pour la musique vocale, ils avaient bien pensé qu'il se passait quelque chose d'extraordinaire, et c'est pour cela qu'ils étaient accourus.

Bontekoe leur raconta l'achat du buffle, le désir de ses compagnons de rester et les dangers qu'il avait courus à son retour.

Les Hollandais avaient bien quelque envie de faire payer aux deux insulaires les angoisses de leur capitaine ; mais celui-ci, au contraire, recommanda que l'on eût pour eux toutes sortes d'égards, la vie de leurs compagnons pouvant payer la moindre égratignure qui leur serait faite.

Ceux-ci, d'ailleurs, ne paraissaient préoccupés d'aucune idée de danger.

Ils allaient et venaient dans le camp, regardant tous les objets avec une curiosité de sauvage et d'enfant, demandant où tout ce monde passait la nuit et où couchaient Rol et le capitaine, qu'ils avaient reconnus pour les deux chefs de la troupe.

On leur répondit que les hommes couchaient sous des tentes, et Rol et le capitaine dans la chaloupe.

La nuit se passa tranquillement ; cependant le capitaine dormit mal, préoccupé de cette idée qu'il ne reverrait plus les quatre hommes restés au village.

En effet, le jour parut, et les premières lueurs matinales s'écoulèrent sans qu'on les revît.

Cependant, vers les neuf heures du matin, on vint dire au capitaine que l'on apercevait deux insulaires chassant un buffle devant eux.

Un homme parlant un peu la langue malaise accompagna le capitaine qui allait au-devant de ces hommes, et leur demanda pourquoi les Hollandais n'étaient point encore de retour, et pourquoi le buffle qu'ils amenaient n'était point celui que le capitaine avait acheté.

A cette double demande ils répondirent que le buffle acheté par le capitaine était si sauvage que l'on avait été forcé d'en choisir un autre; que, quant aux quatre Hollandais, ils venaient derrière eux, amenant l'autre buffle.

Cette réponse paraissait assez plausible.

Aussi, pour un instant, calma-t-elle les craintes du capitaine.

Il offrit alors d'acheter le second buffle, régla le prix avec les insulaires et paya l'animal.

Mais, lorsqu'il s'agit de le faire marcher du côté du camp, l'animal devint encore plus indocile que celui de la veille. Ce que voyant Bontekoe, il prit une hache et lui coupa les jarrets.

Mais, à cette vue, les insulaires, qui, malgré le prix reçu, comptaient bien reprendre leur buffle, jetèrent de grands cris, et à ces cris, comme si ç'eût été un signal, deux ou trois cents de leurs compagnons sortirent du bois et coururent rapidement vers la chaloupe.

Leurs mauvaises intentions n'étaient pas douteuses; aussi trois Hollandais qui entretenaient un petit feu en avant des tentes, et qui les aperçurent les premiers, accoururent-ils vers le capitaine, lui annonçant cette attaque.

En même temps une autre bande d'une cinquantaine d'hommes, qui semblaient animés d'une intention non moins hostile, apparaissait d'un autre côté.

Bontekoe calcula le nombre des deux troupes, et, jugeant qu'il y avait, si mal armé que l'on fût, moyen de se défendre, cria à ses hommes :

—Tenez bon! Ces misérables ne sont point si nombreux qu'ils puissent nous faire peur!

Mais en même temps une troisième troupe déboucha d'un troisième côté; celle-là était aussi nombreuse à elle seule et armée de boucliers et d'épées.

Si chaque Hollandais, comme on s'en était vanté aux insulaires, avait eu son fusil et ses munitions, la résistance était encore possible; mais, contre six cents hommes à peu près, les Hollandais n'étaient plus que soixante-sept, et entre eux ne possédaient, nous l'avons dit, pour toutes armes, que deux haches et une épée.

Le capitaine comprit donc qu'une prompte retraite était la seule voie de salut qui lui restât, et de sa voix la plus forte :

— Amis ! cria-t-il, à la chaloupe ! à la chaloupe !

A ce cri, véritable cri d'alarme, chacun prit sa course.

Malheureusement rien dans la chaloupe n'était disposé pour le départ ; arrivés au bord de la rivière, il fallut donc qu'une partie des Hollandais fît volte face tandis que l'autre démarrait.

Deux hommes de l'équipage s'étaient saisis des deux haches, et le boulanger avait empoigné la vieille épée, avec laquelle il faisait des merveilles.

Il y eut un instant de mêlée et de lutte terrible.

Ne voyant pas de fusils aux Hollandais, les insulaires, qui dès lors avaient à la fois l'avantage du nombre et l'avantage des armes, se ruèrent sur le bâtiment avec des cris terribles.

Un instant on se battit à terre, à bord et dans l'eau.

La chaloupe était retenue à terre par deux grappins, l'un à l'arrière, l'autre à l'avant.

Le capitaine, qui était à bord, cria au boulanger, qui se trouvait près du cordage :

— Coupe le grelin !

Mais l'épée coupait mal et n'avait pas de prise sur une corde flexible ; d'ailleurs, en ce moment, le boulanger fut forcé de se retourner et de se servir de son épée contre un insulaire qui l'attaquait.

Le capitaine, courant alors à l'arrière, plaça le grelin d'arrière sur l'étambot et cria :

— Hache !

Cette fois, un seul coup suffit pour trancher la corde.

Alors le capitaine cria une seconde fois :

— A la chaloupe ! à la chaloupe !

A ce cri, tout ce qui n'était pas blessé grièvement ou mort fit retraite ; ceux qui étaient dans la chaloupe aidaient ceux qui étaient hors à monter, tandis que quatre hommes, parvenant à arracher le grappin du rivage, la tiraient vers le milieu du courant.

Lorsqu'ils perdirent pied, on leur jeta des cordes à l'aide desquelles ils remontèrent dans l'embarcation.

Puis, comme si le ciel venait enfin au secours des

pauvres naufragés, contre lesquels le feu, l'eau et la terre semblaient déchaînés, le vent, qui jusqu'alors soufflait du large, changea tout à coup, et, soufflant de l'intérieur, poussa la chaloupe vers la mer.

Restaient la barre et les brisants : c'était la dernière crainte, la plus réelle peut-être, des Hollandais.

On la franchit d'une seule bordée, et, au bout de cinq minutes, on se trouva, de ce côté du moins, hors de tout danger.

La conviction des insulaires était d'accord avec la crainte des Hollandais, car tous restaient avancés jusqu'à l'extrémité du cap, et là ils attendaient que la chaloupe échouât.

La Providence permit qu'il n'en fût point ainsi, et, le vent continuant d'être favorable, la chaloupe se trouva bientôt loin du rivage.

Là deux choses vinrent attrister l'équipage et son brave capitaine :

D'abord la douleur d'avoir été contraint d'abandonner quatre compagnons avec lesquels on avait supporté tant de fatigues et de dangers.

Ensuite on s'aperçut que le brave boulanger, qui avait si vaillamment soutenu la retraite, avait été blessé un peu au-dessous de la poitrine. La blessure par elle-même n'était point dangereuse, mais, au cercle d'un noir livide qui l'entourait, le capitaine comprit qu'elle avait été faite par une arme empoisonnée. Le capitaine, transformé en chirurgien, prit aussitôt son couteau et coupa les chairs jusqu'au vif; mais le poison des îles de la Sonde ne pardonne jamais, on le sait, et au bout de cinq minutes le blessé, s'étant roidi, poussa un faible soupir et tomba mort.

Le capitaine passa alors la revue de l'équipage.

Il manquait seize hommes : les quatre qui étaient restés dans le village, onze qui avaient été tués lors de l'embarquement, et ce malheureux qui venait de mourir.

On prononça une courte prière sur le corps du pauvre boulanger, et on le jeta à la mer.

V

LES MONTAGNES BLEUES

On gouverna vent arrière en rangeant la côte.

Puis, les premiers regrets donnés aux absents, les derniers devoirs rendus au mort, on passa la revue des subsistances.

Les vivres se bornaient à huit poules et un peu de riz, qui furent distribués aux cinquante-six matelots restants.

Mais, comme on le comprend bien, ce peu de vivres ne pouvait satisfaire longtemps aux besoins d'hommes qui avaient souffert quatorze jours de la famine et qui n'avaient, depuis qu'ils étaient à terre, jamais été bien rassasiés.

Il fallut donc se décider à débarquer de nouveau, et l'on gouverna vers la côte.

Cette côte était couverte d'insulaires; mais, en voyant les Hollandais mettre le cap sur eux, ils prirent la fuite et abandonnèrent le rivage.

On se hâta d'y descendre, d'y recueillir des huîtres, des moules et des limaçons de mer, d'y boire dans un ruisseau, chacun selon sa soif, de remplir les deux petits barils et de se rembarquer.

Le capitaine proposa alors de prendre un peu plus au large, afin d'avoir la chance de rencontrer quelque petite île déserte où l'on pût, sans crainte des surprises, trouver de l'eau, des fruits et des coquillages.

L'avis fut adopté.

A part les renseignements si peu certains donnés la veille par les insulaires sur Sumatra et Java, on ignorait absolument où l'on se trouvait.

La nuit fut calme ; la mer était belle, et, relativement à ce qui s'était passé, on pouvait envisager la position comme tolérable.

A la pointe du jour on eut connaissance de trois îles.

Comme aucun naturel ne se montrait sur le rivage, on pensa qu'elles étaient inhabitées : c'était justement ce que l'on cherchait. On gouverna sur elles, et l'on aborda à la plus grande des trois.

Elle ne renfermait qu'une source, des bambous, des palmiers et une montagne.

D'abord, en goûtant cette belle et bonne eau, les matelots eurent l'idée d'en conserver la plus grande quantité possible en dehors de celle que pouvaient contenir les deux barils.

A cet effet ils coupèrent une grande quantité de bambous, dont ils percèrent les nœuds avec un bâton, excepté le dernier ; puis ils remplirent d'eau ces bambous et les fermèrent à l'extrémité opposée avec des bouchons.

De cette façon la provision d'eau put être à peu près doublée. Puis on monta sur les palmiers, on en coupa les cimes molles comme de la cire et qui avaient à peu près le goût du chou cru ; on en mangea et l'on en fit provision.

Après quoi les hommes se répandirent sur le rivage pour chercher des coquilles.

Pendant ce temps Bontekoe gravit la montagne.

Arrivé au sommet, et se rappelant par quelle miraculeuse suite d'événements il avait tour à tour été menacé de la mort et retenu à la vie, un sentiment de religieuse reconnaissance inonda son cœur, et, en face de cette côte inhospitalière, de cette mer dévorante, il tomba à genoux et remercia Dieu.

Puis, en relevant la tête, son regard s'arrêta sur l'horizon.

A sa droite alors, dans la vapeur, il vit se dessiner une chaîne de montagnes, et, au milieu de cette espèce de brouillard azuré, s'élancer deux hauts sommets.

A l'instant un souvenir lui revint à l'esprit.

Souvent en Hollande, à Hoorn, accoudé à l'immense poêle, avec chacun une chope de bière devant soi, il avait entendu raconter à un voyageur de ses amis, à Guillaume Schouten, qui deux fois avait fait le voyage des Indes-Orientales, il lui avait entendu raconter, dis-je, que derrière Batavia s'étendait une chaîne de montagnes dont deux sommets élevés s'élançaient jusqu'au-dessus des nuages, et de leur couleur azurée avaient été nommées les montagnes Bleues.

Si ces montagnes étaient bien les mêmes que lui avait signalées Guillaume Schouten, il n'y avait point d'erreur dans l'*estime* de Bontekoe, et ils étaient à peu de distance de Java, c'est-à-dire d'un établissement hollandais, où ils pouvaient espérer toute espèce de secours.

Il descendit donc vivement, courut à ses hommes, qui continuaient leurs recherches, et leur fit part de ses espérances.

Alors tous se réunirent, invitant le capitaine à reprendre de nouveau le gouvernement de la chaloupe et à mettre le cap sur les montagnes.

On réunit dans la chaloupe tout ce que l'on avait pu

trouver de coquillages, tout ce que l'on avait pu couper de cimes de palmiers, tout ce que l'on avait pu réunir de bambous pleins d'eau, et, le vent étant favorable, on porta droit dans l'ouverture des deux montagnes.

La nuit vint; les montagnes s'effacèrent dans le crépuscule; mais les étoiles parurent au ciel, et l'on se guida sur les étoiles.

Le lendemain on se trouva arrêté par un calme. Le désappointement fut grand d'abord, car on ignorait que, grâce au chemin que l'on avait fait pendant la nuit, on fût sur la côte de Java.

Mais tout à coup un matelot qui était monté au haut du mât poussa une exclamation; puis, se frottant les yeux, il annonça qu'il voyait vingt-trois vaisseaux.

La joie de tout l'équipage éclata en cris, en chants et en gambades.

Puis on se hâta de border les avirons, et l'on nagea vers la flotte.

Ces vingt-trois vaisseaux étaient hollandais; ils étaient commandés par Frédéric Houtmann Dalkmaer.

Le commandant était sur sa dunette, d'où, de son

côté, avec une lunette d'approche, il suivait tous les mouvements de la chaloupe qui s'avançait, et sur laquelle son œil exercé reconnaissait les traces d'un grand désastre.

En conséquence les naufragés virent bientôt une chaloupe se détacher d'un bâtiment, et, de son côté, nager rapidement vers eux. Cette chaloupe était envoyée par le commandant.

En s'approchant les uns des autres les matelots des deux chaloupes se levèrent en agitant leurs chapeaux et en poussant un hourra de joie.

Cette joie fut d'autant plus grande que bientôt ils se reconnurent pour avoir fait voile de conserve à leur sortie du Texel, et ne s'être séparés les uns des autres que dans le golfe de Biscaye.

Bontekoe et Rol passèrent dans la chaloupe et furent conduits à bord de l'amiral.

L'autre chaloupe, celle du *Nieuw-Hoorn*, suivait.

Les deux officiers montèrent sur le pont, où les attendait Frédéric Houtmann.

En quelques mots le récit fut fait.

Quand on les raconte, les longues souffrances tiennent dans de courtes phrases L'amiral comprit vite que tous ces braves gens avaient grand besoin d'être restaurés; il fit couvrir s   re table de pain, de vin et de viandes, et invita Rol et Bontekoe à s'y asseoir, tandis qu'il ordonnait que le reste des naufragés montât à bord, et qu'il invitait ses matelots à faire de leur mieux fête à leurs compagnons.

Quand Bontekoe et Rol se virent à cette table, quand ils eurent devant eux du pain, du vin, des mets de leur pays, ils se regardèrent, et, mûs d'un même sentiment, ils fondirent en larmes, remerciant du fond du cœur l'amiral de la bonne réception qu'il leur faisait.

L'amiral donna à ces pauvres gens toute la journée pour se refaire, et le lendemain, les ayant embarqués sur son yacht, il les fit conduire à Batavia, où ils firent leur entrée au milieu d'un immense concours de peuple qui connaissait déjà leur malheur et la manière miraculeuse dont ils avaient échappé à cette triple mort, dont tour à tour les avaient menacés le feu, l'eau et la terre.

Le même jour ils se présentèrent à l'hôtel du général de la Compagnie, qui les reçut avec la même bonté qu'avait déjà fait l'amiral.

Il fallut lui raconter à son tour ce qu'on avait déjà raconté la veille à Frédéric Houtmann, et, comme l'impression fut la même, la réception fut pareille, avec cette différence que la fête à bord du vaisseau amiral n'avait duré que vingt-quatre heures, tandis qu'au palais du général elle dura huit jours.

Enfin le général de la Compagnie, pensant qu'il était bon d'utiliser des hommes qui avaient fait preuve à la fois d'un si grand courage et d'une si sainte résignation, fit délivrer à Bontekoe la commission de capitaine du vaisseau *le Bergeboot*, et nomma Rol commis du même bâtiment.

Tous deux se trouvèrent donc réunis de nouveau et avec les mêmes grades qu'ils avaient occupés sur *le Nieuw-Hoorn*.

Quant aux matelots, ils furent répartis sur d'autres bâtiments, selon les besoins de l'amiral.

Plus tard Rol obtint le gouvernement du fort d'Amboine, l'une des Moluques, et y mourut.

Quant à Bontekoe, après avoir été employé dans plusieurs expéditions et avoir rendu, par son courage et par sa science, de grands services au gouvernement, il partit pour l'Europe le 6 janvier 1625, aborda en Zélande le 15 novembre suivant, et se retira à Hoorn, sa ville natale, où il rédigea cette narration, que nous remettons sous les yeux de nos lecteurs plus de deux cents ans après qu'elle fut faite.

LE CAPITAINE MARION

I

LA BAIE DES MEURTRIERS

A l'antipode juste de Paris, perdue au milieu du grand océan Austral, s'étend, courant du nord au sud, une terre ayant à peu près l'étendue de la France et la forme de l'Italie, coupée à son tiers par un détroit qui en fait deux îles.

C'est la Nouvelle-Zélande, découverte en 1042 par Abel Jansen Tasman, et nommée par lui la terre des États, nom qu'elle a perdu depuis pour prendre celui de Nouvelle-Zélande.

Tasman n'aborda jamais cette terre.

Il traversa le détroit qui sépare les deux îles, alla jeter l'ancre dans une baie ; mais, attaqué deux heures après par les naturels du pays, il lui donna le nom de baie des *Assassins*, qu'elle a conservé.

Pendant plus d'un siècle toute cette terre resta à l'état de rêve ; on l'appelait *Terra australis incognita*.

C'était pour les navigateurs quelque chose comme cette Atlantide dont parle Platon... une terre pareille à celle de la fée Morgane, qui s'évanouit quand on s'en approche.

Le 7 octobre 1769 Cook la retrouva et la reconnut à ses habitants, d'après un dessin laissé par Tasman.

Ses relations avec les naturels furent les mêmes que celles qu'avait eues avec eux, cent vingt-six ans auparavant, le navigateur hollandais.

Les Zélandais essayèrent de voler les matelots de *Endeavour*, qui en tuèrent une douzaine à coups de fusil ; puis, comme Cook, après avoir relâché à Dika-Na-Mary, la moins méridionale des deux îles, n'avait rien pu obtenir des objets dont il avait besoin, ni par douceur ni par force, il nomma la baie où il avait jeté l'ancre la baie *de la Pauvreté.*

Ces deux noms étaient peu engageants pour les autres voyageurs.

Un mois à peu près après le passage du capitaine Cook, un autre navigateur, — celui-là était français et s'appelait le capitaine Surville, — eut affaire à son tour aux Nouveaux-Zélandais.

Assailli par une tempête terrible en vue de la Nouvelle-Zélande, il perdit le canot amarré derrière son bâtiment.

Lorsque le temps fut calme, à l'aide de sa longue-vue il aperçut le canot qu'il cherchait amarré dans l'anse du Refuge.

Aussitôt il fit descendre une embarcation à la mer pour aller chercher le canot.

Mais les sauvages, devinant le but de l'expédition, le cachèrent si bien qu'il fut impossible, à ceux que Surville avait envoyés, de le retrouver.

Furieux de cette perte, Surville fit signe à quelques sauvages qui étaient près de leur pirogue de s'approcher.

Un d'eux se rendit à l'invitation et monta à bord ;

— c'était malheureusement un grand chef, nommé Nanqui-Noui, et quoique, quelques jours auparavant, il eût rendu de grands services à Surville en recevant ses malades et en les traitant à la fois avec autant d'humanité que de désintéressement, Surville lui déclara qu'il était son prisonnier.

Ce ne fut point tout : Surville coula à fond toutes les pirogues qu'il put atteindre et brûla tous les villages de la côte.

Puis il quitta la Nouvelle-Zélande, emmenant, comme il en avait menacé son prisonnier, Nanqui-Noui, qui mourut de désespoir pendant la traversée, le 12 mars 1770, c'est-à-dire quatre mois après avoir été enlevé à son pays.

Fusillés par Cook, noyés et brûlés par Surville, les Nouveaux-Zélandais s'étaient promis de prendre une cruelle revanche sur les premiers bâtiments qui entreraient dans leurs ports.

Ces bâtiments furent *le Mascarin* et *le Castries*, venant de la terre de Van-Diémen et commandés par le capitaine Marion, officier de la Compagnie des Indes françaises.

Il ignorait complètement ce qui s'était passé lors

du voyage de Surville; d'ailleurs, toute cette côte, explorée trois ans auparavant par Cook, était à peu près inconnue encore.

Le 16 avril 1772, il avait jeté l'ancre dans une mauvaise rade située sur l'île Dika-Na-Mary, c'est-à-dire dans la partie nord de la Nouvelle-Zélande.

Mais, la nuit, les navires ayant failli être jetés à la côte, ils appareillèrent en si grande hâte qu'ils furent obligés de laisser leurs ancres, se promettant de les revenir chercher plus tard.

En effet, ils revinrent le 26 avril, et le 3 mai suivant mouillèrent dans la baie des Îles, près du cap Brett de Cook.

A peine furent-ils à l'ancre qu'ils virent trois pirogues pagayant pour venir au vaisseau. La brise était douce, la mer magnifique.

Tous les matelots étaient sur le pont, pleins de curiosité pour ces hommes et ce monde nouveau sortis depuis trois ans à peine des brouillards de l'inconnu.

Une des pirogues était montée par neuf hommes.

Elle s'approcha du vaisseau.

Aussitôt on envoya quelques bagatelles à ceux

qui la montaient en les invitant à passer à bord.

Ils hésitèrent un moment, puis parurent se décider.

En effet, un instant après, les neuf hommes étaient sur le pont.

Le capitaine les y reçut, les conduisit dans sa chambre, et leur offrit du pain et des liqueurs.

Ils mangèrent le pain avec assez de plaisir, mais cependant après que le capitaine Marion en eut goûté devant eux.

Quant aux liqueurs, au contraire des autres sauvages de la mer du Sud, ils ne les goûtèrent qu'avec répugnance; quelques-uns même les crachèrent sans les avaler.

On chercha alors quels objets pouvaient leur être agréables.

On leur offrit des caleçons et des chemises, qu'ils parurent accepter, purement et simplement, pour ne pas désobliger le capitaine.

Puis on leur montra des haches, des couteaux et des herminettes.

De tous ces objets ce furent les herminettes qui parurent les tenter le plus.

Ils en prirent aussitôt deux ou trois et firent le simulacre de s'en servir pour montrer qu'ils en connaissaient l'usage.

On leur fit cadeau du tout.

Après quoi ils descendirent dans leurs pirogues, parés des chemises et des caleçons, s'avancèrent vers les deux autres embarcations, parurent leur raconter la façon amicale dont ils avaient été reçus, leur montrèrent les cadeaux que les étrangers leur avaient faits et les invitèrent à monter sur le vaisseau à leur tour.

Ceux-ci, après une courte délibération, se décidèrent, et, tandis que les premiers visiteurs pagayaient vers la terre, ils s'approchèrent à leur tour des bâtiments, et, comme leurs camarades, montèrent sur *le Mascarin*.

Pendant qu'ils montaient, le capitaine Marion jeta un dernier regard sur ceux qui s'éloignaient ; ils s'étaient arrêtés pour dévêtir leurs chemises et leurs caleçons, qu'ils cachèrent dans un coin de la pirogue ; après quoi ils continuèrent leur chemin vers la terre.

Le capitaine Marion ne s'inquiéta plus d'eux et prêta toute son attention aux nouveaux arrivants.

Ils étaient dix ou douze, conduits par un chef. C'était un homme de cinq pieds cinq pouces à peu près, de trente à trente-deux ans, assez bien pris dans sa taille.

Il avait le visage tatoué de dessins représentant assez bien les traits entrelacés les uns aux autres que les professeurs de calligraphie exécutent à main levée avec leurs plumes ; il portait des boucles d'oreilles en os, avait les cheveux noirs à la chinoise sur le haut de la tête, et ornés de deux plumes blanches plantées dans cette espèce de chignon.

Pour le reste du corps, son vêtement se composait d'une espèce de jupe ne montant pas au-dessus des hanches et ne descendant pas jusqu'au genou.

Cette jupe, ainsi que le manteau qui l'enveloppait, était d'une étoffe inconnue en France, flexible et forte à la fois, avec des bandes d'une autre couleur formant ourlet, et ornées elles-mêmes de dessins ressemblant à ceux que l'on retrouve sur les tuniques étrusques.

Ses armes étaient un magnifique casse-tête en jade qu'il portait à la ceinture, et une longue lance qu'il tenait à la main.

Ses ornements étaient les boucles d'oreilles dont nous avons déjà parlé et un collier de dents de poisson.

Une barbe rare, formée de poils roides, allongeait son menton, qui, grâce à elle, finissait en pointe presque aussi fine que celle d'un pinceau.

Avant même qu'on lui adressât la parole il prononça son nom, comme si ce nom devait avoir traversé les mers et être connu du capitaine Marion.

Il s'appelait Takouri, c'est-à-dire le Chien.

Le capitaine désirait fort échanger quelques paroles avec ces indigènes ; mais nul ne pouvait connaître la langue de cette terre, découverte depuis plus de cent ans, il est vrai, mais explorée depuis trois ans à peine.

Par bonheur le lieutenant du navire, M. Crozet, eut l'idée d'aller prendre dans la bibliothèque du capitaine le vacabulaire de Taïti, par M. de Bougainville.

Aux premiers mots qu'il prononça les sauvages relevèrent la tête avec étonnement : les deux idiomes étaient les mêmes.

A partir de ce moment on commença de s'entendre,

et le capitaine Marion espéra lier des relations d'amitié avec les indigènes.

En effet, comme pour donner du poids à cette espérance, le vent ayant fraîchi, les pirogues s'éloignèrent, non sans emporter quelques petits présents.

Mais cinq ou six sauvages, d'eux-mêmes, sans y être invités, restèrent à bord.

Au nombre de ceux-ci était le chef Takoury.

Quand on réfléchit quels étaient déjà à ce moment les projets de cet homme, on reconnaît qu'il lui fallait une terrible force de caractère, surtout après ce qui s'était passé trois ans auparavant avec Surville, pour se confier ainsi à des hommes qu'il regardait comme ses ennemis, et à qui il ne témoignait une telle confiance que pour leur inspirer une confiance pareille, et, à un moment donné, se venger d'eux.

Les sauvages soupèrent le soir à la table du capitaine, mangèrent de tous les mets avec appétit, refusèrent le vin et la liqueur, et dormirent ou firent semblant de dormir tranquillement dans les lits qu'on avait dressés pour eux dans la grande chambre.

Le lendemain le bâtiment courut des bordées.

Cette manœuvre parut fort inquiéter les naturels, qui ne pouvaient la comprendre.

Chaque fois que le navire s'éloignait de la côte, quelle que fût la puissance de Takoury sur lui-même, son visage se rembrunissait; mais voyant que, chaque fois qu'on s'était éloigné jusqu'à un certain point, le navire virait de bord et se rapprochait, il parut se rassurer.

Le 4 mai on mouilla entre les îles.

Takoury profita d'une pirogue pour retourner à terre, promettant qu'il reviendrait.

On lui fit quelques présents et il partit.

On resta entre ces îles jusqu'au 11; mais, soit que le mouillage fût mauvais, soit que ces espèces de bancs de roches n'offrissent point au capitaine Marion l'emplacement et les objets dont il avait besoin, on remit à la voile.

On entra dans le port des Iles, relevé par le capitaine Cook, et l'on y jeta l'ancre.

Le lendemain, par un temps magnifique, le capitaine Marion fit explorer une île qui se trouve dans l'enceinte même du port, et, comme on y rencontra de l'eau, du bois et une anse très-abordable, il y fit dresser des tentes, y transporta les malades et y établit un corps de garde. A l'extrémité opposée de l'endroit où le corps de garde fut établi s'élevait un village.

Cette île est la même que M. Crozet, dans sa relation des événements qui vont se passer, appela Motou-Aro, et que depuis, Dumont-d'Urville, corrigeant sans doute une faute de prononciation, désigna sous celui de Motou-Roua.

Le bruit de l'hospitalité reçue à bord des vaisseaux français s'était répandu tout le long de la côte.

Aussi à peine les bâtiments eurent-ils jeté l'ancre que de tous les points du rivage on vit s'avancer des pirogues chargées de poisson.

Les sauvages firent comprendre qu'ils avaient pêché des poissons exprès pour être agréables aux hommes blancs.

En conséquence de cette bonne intention, ils furent reçus à bord plus cordialement encore que la première fois.

La nuit venue, les Nouveaux-Zélandais se retirèrent, mais, comme la première fois, laissèrent à bord six ou huit des leurs.

La nuit se passa dans la meilleure intelligence entre les sauvages et les matelots.

Le lendemain l'affluence ne fit qu'augmenter.

Dix ou douze pirogues chargées de sauvages apportant du poisson entourèrent les deux bâtiments, cette fois ils étaient sans armes et amenaient avec eux leurs femmes et leurs filles.

Une espèce de marché s'était établi.

Les Nouveaux-Zélandais donnaient du poisson, les matelots rendaient des verroteries et des clous.

Pendant les premiers jours les hommes se contentèrent de vieux clous de deux ou trois pouces de longueur, mais bientôt ils devinrent plus difficiles, et il leur fallut des clous neufs et de quatre à cinq pouces.

Au passage du capitaine Cook ils avaient appris l'usage du fer, qu'ils ne connaissaient pas auparavant; aussi, dès qu'ils avaient un clou d'une certaine longueur, le portaient-ils soit au serrurier, soit à l'armurier, afin qu'il l'aplatît à coups de marteau et l'aiguisât sur la meule.

Le clou ainsi transformé devenait une espèce de ciseau. Pour payer cette main-d'œuvre les naturels gardaient toujours quelques menus poissons, dont ils faisaient alors cadeau à l'armurier, au serrurier, ou même au simple matelot qui, empiétant sur les prérogatives de ceux-ci, leur rendait le même service.

Peu à peu leur nombre remplit les vaisseaux. Chacun des bâtiments en avait quelquefois cent et même plus à bord.

Ils touchaient à tout; mais, comme la surveillance la plus active était ordonnée par le capitaine, ils ne pouvaient voler.

L'objet de leur grande préoccupation, quoiqu'ils fissent ce qu'ils pouvaient pour la cacher, c'étaient les fusils et les canons.

Le capitaine avait recommandé de ne faire aucun usage de ces armes devant eux, afin que, dans un temps donné, l'effet en fût plus terrible.

Mais comme, trois ans auparavant, plusieurs insulaires avaient été tués par Cook d'abord, par Surville ensuite, comme ils avaient été tués à coups de fusil et à coups de canon, c'étaient ces tonnerres, devenus muets, et dont ils avaient vu l'effet terrible sans en comprendre la cause, qui attiraient surtout leur attention.

Au reste, adoptant vis-à-vis de l'équipage des deux

bâtiments le système de dissimulation de leur chef Takoury, qui deux ou trois fois était revenu à bord, ils se montraient sans défiance, doux et caressants.

Les femmes mariées portaient au haut de la tête une espèce de tresse de jonc, tandis que les jeunes filles laissaient en toute liberté tomber leurs cheveux épars sur le cou.

Les femmes et les filles des chefs étaient reconnaissables, en outre, par les plumes d'oiseaux que, comme leurs maris et leurs pères, elles portaient plantées dans leur chignon.

II

TAKOURY

Les relations établies entre les Nouveaux-Zélandais et l'équipage des deux bâtiments devenaient chaque jour plus intimes, et le capitaine Marion avait pris peu à peu une confiance entière, malgré les observations que, de temps en temps, hasardait M. Crozet, son lieutenant, ou M. Duclesmeur, capitaine du *Castries.*

En effet, comment conserver quelque méfiance?

Takoury, le chef de tous les villages qui commandaient cette portion de l'île où l'on était ancré, avait amené à M. Marion son fils, beau jeune homme de quinze ou seize ans, et lui avait même permis de passer une nuit à bord du *Mascarin*.

Trois esclaves de M. Marion avaient déserté dans une pirogue qui chavira en route.

Un se noya, les deux autres arrivèrent sains et saufs à terre. Takoury fit prendre les deux esclaves et les ramena lui même à M. Marion.

Un jour, un sauvage était entré par un sabord de la sainte-barbe et avait volé un sabre; on s'était aperçu de ce vol, on avait arrêté le voleur, on l'avait dénoncé à Takoury, et Takoury avait ordonné qu'il fût mis aux fers, comme il avait vu que l'on faisait pour les matelots de l'équipage, réparation qui avait paru tellement suffisante à M. Marion qu'il avait renvoyé le sauvage sans autre punition que la peur qu'il avait ressentie lorsque le jugement avait été prononcé.

Aussi, vivement pressé par Takoury de descendre à terre, le capitaine Marion, dans le besoin qu'éprouvaient ses deux bâtiments de mâts de rechange, jugea-t-il qu'il y aurait de la pusillanimité à ne pas utiliser cette bonne volonté des indigènes.

Un matin, sur l'invitation de Takoury, on descendit donc à terre.

Cependant les précautions n'avaient point été négligées; la chaloupe bien armée contenait un détachement de soldats. Le tout était commandé par le capitaine Marion et par M. Crozet, son lieutenant.

Dès cette première course on parcourut toute la baie, et l'on compta dans un espace assez rapproché une vingtaine de villages de deux à quatre cents habitants chacun.

Au reste, dès que les Français avaient mis pied à terre, tout était venu au-devant d'eux, laissant les cases vides : femmes, enfants, guerriers, vieillards.

Là, comme à bord des bâtiments, on commença par des cadeaux.

Alors on fit comprendre aux insulaires qu'on avait besoin de bois, et aussitôt Takoury et les autres chefs, invitant M. Marion et M. Crozet à les suivre, avaient marché devant la petite troupe et l'avaient conduite à deux lieues dans l'intérieur des terres, à peu près jusqu'à la lisière d'une forêt de cèdres magnifiques, où les officiers choisirent aussitôt les arbres dont ils avaient besoin.

Le même jour, les deux tiers des équipages travaillaient non-seulement à abattre les arbres, mais encore à établir les chemins sur trois collines et un marais qu'il fallait traverser pour amener les mâts jusqu'à la mer.

En outre des baraques furent élevées sur le bord de la mer, à l'endroit le plus rapproché de celui où était l'atelier.

Ces baraques formaient une espèce de relai où tous les jours les vaisseaux envoyaient des chaloupes chargées de provisions pour les travailleurs.

Trois postes étaient donc établis à terre, un dans l'île du port.

C'était à la fois le poste des malades, la forge où se fabriquaient les cercles de fer destinés aux mâtures, et des tonneaux que l'on remettait à neuf.

Dix hommes parfaitement armés, commandés par un officier, défendaient ce poste, renforcé en outre des chirurgiens employés au service des malades.

Le second poste était, comme nous l'avons dit, sur la grande terre, où s'élevaient ces vingt villages dont nous avons parlé.

Il se trouvait à une lieue et demie des vaisseaux, et servait d'anneau entre les vaisseaux et les travailleurs.

Enfin le troisième était l'atelier des charpentiers, établi deux lieues plus loin, sur la lisière de la forêt de cèdres.

Chacun de ces deux postes, comme le premier, était défendu par une dizaine d'hommes armés et un officier.

Les sauvages étaient constamment mêlés aux Français et visitaient aussi familièrement les postes que les vaisseaux.

Au reste, leur présence, au lieu d'être un ennui, était une distraction et une aide; grâce à eux, sans se donner la peine de pêcher ou de chasser, on avait du poisson, des cailles, des pigeons et des canards sauvages.

S'il fallait donner un coup de main, ils étaient toujours prêts, et, comme ils étaient très-forts et très-adroits, les matelots n'attendaient pas toujours qu'ils s'offrissent, et requéraient parfois leur adresse et leur force.

Attirés par les bonnes relations que l'on avait nouées avec les indigènes, les jeunes gens de l'équipage faisaient tous les jours des excursions dans l'intérieur des terres.

La chasse, et pour quelques-uns même la simple curiosité, étaient le but de ces excursions. Les chasseurs tiraient des pigeons, des cailles, des canards, au grand étonnement des indigènes, qui entendaient un bruit qui les faisait tressaillir et qui voyaient tomber l'animal sans pouvoir se rendre compte du projectile invisible qui le frappait.

Lorsque, soit à l'aller, soit au retour, il se présentait quelque rivière ou quelque marais barrant le passage, les insulaires prenaient les Français sur leur dos, les portaient comme des enfants, et leur faisaient traverser l'obstacle le plus commodément possible.

Le soir ils revenaient à travers les forêts, toujours guidés par eux, souvent à des heures très-avancées.

Et cependant, malgré toutes ces preuves d'amitié,

quelques-uns parmi les officiers, et M. Crozet surtout, gardaient leur défiance primitive.

Comme ils n'avaient aucune connaissance du passage de Cook et de Surville, ils étaient obligés de se reporter à la relation faite par Tasman.

Cette relation peignait les insulaires comme cruels, aux, vindicatifs.

Il avait même ajouté qu'il les croyait anthropophages ; mais, quant à ce dernier article, on commençait à le considérer comme un de ces contes avec lesquels les nourrices bercent et endorment leurs enfants.

Cependant lorsque M. Marion, complétement rassuré, donna tout à coup l'ordre de désarmer les canots et la chaloupe qui allaient à terre, M. Crozet fit tout ce qu'il put pour obtenir que cet ordre, qu'il regardait comme imprudent, fût rapporté ; mais le capitaine ne voulut rien entendre : il était complétement sous la magie de cette feinte amitié.

En effet, parvenu à la plus grande sécurité, le capitaine se faisait un plaisir de vivre avec les insulaires ; quand ils venaient au bâtiment ils étaient toujours dans sa chambre, causant et riant avec lui, car, grâce au vocabulaire de Bougainville, on en était arrivé à s'entendre parfaitement avec les sauvages.

De leur côté, ceux-ci connaissaient parfaitement M. Marion comme le chef des blancs.

Tous les jours ils lui apportaient un turbot superbe, car ils savaient que le capitaine aimait ce poisson.

Et, chaque fois qu'il allait à terre, c'étaient de longs cris de joie, d'infinies démonstrations de tendresse, auxquelles prenait part toute la population, jusqu'aux femmes, jusqu'aux enfants.

Le 8 juin, le capitaine descendit à terre comme d'habitude.

Il était accompagné d'une troupe d'indigènes qui le suivaient, les uns dans son canot, mêlés aux rameurs, les autres dans leurs chaloupes qui pagayaient autour de lui.

Ce jour-là, les cris de joie et les démonstrations d'amitié furent plus grands encore que de coutume.

Les chefs sauvages, Takoury au milieu d'eux, s'assemblèrent, et, d'un commun accord, reconnurent M. Marion comme le grand chef du pays.

Alors ils lui firent sa toilette, sauf le tatouage, lui nouèrent, comme à eux, ses cheveux sur le sommet de la tête, et y plantèrent les quatre plumes, signe de la suprématie et preuve de son haut rang.

Le soir, M. Marion revint à bord, plus heureux et plus satisfait que jamais.

De son côté, M. Crozet, lieutenant du *Mascarin*, avait, au milieu de tous les indigènes qui visitaient le bâtiment ou qu'il voyait à terre, fait amitié avec un jeune sauvage de dix-sept à dix-huit ans, d'une physionomie douce et d'une intelligence tout à fait supérieure.

Chaque jour il venait visiter le lieutenant.

Le 11 juin il vint comme d'habitude; mais, cette fois, il paraissait triste, presque abattu.

M. Crozet avait paru désirer des armes et des outils, faits d'un magnifique jade, pierre employée par les Nouveaux-Zélandais pour la fabrication de leurs armes.

Il lui apportait ces différents objets, qu'il lui offrit les larmes aux yeux.

M. Crozet, comme c'était la coutume, voulut lui donner en échange des outils de fer et des mouchoirs rouges, qu'il l'avait vu ambitionner ardemment; mais il les repoussa en souriant tristement et en secouant la tête d'un air mélancolique.

Alors le lieutenant voulut lui faire reprendre les objets qu'il avait apportés : il les refusa; le lieutenant lui offrit à manger, mais il refusa toujours, accompagnant ce refus de ce même signe de tête lent et triste qui avait déjà inquiété M. Crozet; puis, jetant un dernier regard sur le lieutenant, un regard d'une indéfinissable tristesse, et qui semblait lui dire un dernier adieu, il s'élança hors de la chambre, remonta sur le pont, se jeta dans sa pirogue et disparut.

M. Crozet, attristé lui-même de la mélancolie de son jeune ami, chercha toutes les causes qui avaient pu amener cette tristesse qu'il ne lui avait jamais vue; mais, s'il s'en présenta quelques-unes à son esprit, la cause véritable, la cause réelle lui échappa.

Enfin, le lendemain 12 juin, vers une heure, le capitaine Marion fit armer son canot, y monta, emmenant avec lui deux jeunes officiers, MM. Lettoux et de Vaudricourt, un volontaire et le capitaine d'armes du vaisseau.

Des hommes armés les accompagnaient.

La petite troupe se composait en tout de dix-sept personnes.

Takoury, un autre chef et cinq ou six sauvages étaient venus, ce jour-là, plus affectueux encore que de coutume, inviter M. Marion à manger des huîtres chez Takoury, et à jeter le filet dans cette partie de la baie qui était située dans le village qu'il habitait.

Ils partirent.

Le canot du capitaine emmenait à la fois les Français et les sauvages.

Le soir, M. Marion ne revint pas.

Ce fait, qui eût dû effrayer tout le monde, puisque c'était la première fois qu'il se présentait, ne produisit sur les équipages qu'une faible sensation.

Les relations étaient si parfaites avec les indigènes, leur hospitalité était si bien connue, que personne ne s'inquiéta de leur absence.

On pensa, et c'était probable, que M. Marion, voulant visiter le lendemain les travaux des ateliers, qui étaient déjà très-avancés, avait couché à terre pour être plus à portée de se rendre au point du jour à la forêt de cèdres, où se trouvait, comme nous l'avons dit, le troisième poste.

Le lendemain 13, sans qu'il fût conduit le moins du monde par un sentiment d'inquiétude, le commandant du *Castries*, M. Duclesmeur, envoya sa chaloupe pour faire l'eau et le bois nécessaires à la consommation du jour.

C'était une convention établie entre les deux bâtiments, que chacun à son tour serait chargé de cette corvée. Ce jour-là, c'était le tour du *Castries*.

La chaloupe partit à cinq heures du matin.

A neuf heures, comme l'inquiétude commençait à s'emparer de quelques esprits qui s'étonnaient non-seulement de ne pas voir revenir les hommes de la chaloupe, qui, depuis plus d'une heure et demie, auraient déjà dû être de retour, un matelot crut voir au milieu de la mer un point noir qui s'agitait vivement.

Il fit remarquer ce point à ses camarades; on appela M. Crozet, qui vint avec une lunette d'approche et qui reconnut que c'était un homme blanc, et par conséquent un matelot, un employé ou un officier français.

Il fit à l'instant mettre un canot à la mer et forcer de rames vers le nageur, qui fut recueilli au moment où, arrivé au bout de ses forces, il allait disparaître sous l'eau.

C'était un homme de la chaloupe du *Castries*.

Il avait reçu deux coups de lance dans le côté, et avait perdu tant de sang et épuisé tant d'haleine qu'il ne put parler qu'un quart d'heure après avoir été recueilli, quoiqu'il fît comprendre par ses signes qu'il fallait aller promptement à terre, attendu que ses camarades couraient le plus grand danger.

Il fut ramené à son bord, car il appartenait, comme nous l'avons dit, à l'équipage du *Castries*, et, là, il raconta que lui et ses compagnons avaient abordé la terre vers six heures et demie du matin; que les sauvages, selon leur habitude, les attendaient sur la plage, où ils les avaient reçus sans armes et avec les démonstrations d'amitié auxquelles on était accoutumé.

Leur empressement avait été même plus grand que jamais.

Sans donner le temps aux matelots de sauter à

terre, ils les avaient pris sur leurs épaules et les avaient transportés au rivage.

Mais au moment où les matelots, séparés les uns des autres et occupés à couper, à fendre et à ébrancher le bois, étaient au plus fort de la besogne, alors les sauvages étaient revenus avec leurs lances et leurs casse-têtes et les avaient impunément attaqués.

Chaque matelot, tant les mesures avaient été bien prises, s'était tout à coup, et au moment où il s'en doutait le moins, trouvé avoir affaire à sept ou huit sauvages.

Aussi, à la vue de celui qu'on venait de ramener, dix matelots étaient-ils tombés en moins de quelques minutes.

Quant à lui, le bonheur avait voulu qu'il ne fût attaqué que par trois hommes.

Il avait donc pu se défendre et les repousser un instant.

Il avait profité de cet instant pour fuir, et la fuite était d'autant plus pressante qu'il voyait accourir, à l'aide de ceux qui l'avaient attaqué, quatre sauvages qui, en ayant fini avec ses compagnons, venaient l'achever à son tour.

Mais il avait eu le temps, tout blessé qu'il était de deux coups de lance, de gagner un endroit du rivage tout garni de broussailles.

Il s'était glissé dans ces broussailles, comme un serpent, et, sans mouvement, presque sans souffle, il avait attendu et regardé.

Alors il avait vu, chose terrible ! les sauvages traîner dans une espèce de clairière les corps de ses malheureux compagnons.

Puis ils les avaient dépouillés de leurs vêtements, leur avaient ouvert le ventre, en avaient tiré les entrailles, et les avaient coupés par morceaux.

Les femmes et les enfants, qui assistaient à cette atroce opération, recueillaient le sang dans des feuilles et le buvaient ou le faisaient boire aux hommes, et ces sauvages, qui avaient repoussé et craché le vin, buvaient ce sang avec délices.

A ce spectacle, il n'avait pu résister plus longtemps à sa terreur, et, voyant les sauvages absorbés dans leur œuvre, il avait continué de ramper vers le rivage, s'était jeté à la mer, et avait essayé de gagner les bâtiments à la nage.

C'était lorsqu'il avait à peine accompli le quart du

trajet qu'il avait été aperçu, et qu'un canot était parti du *Mascarin* pour lui porter secours.

Ce récit était d'autant plus terrible, qu'il faisait naturellement présumer que le capitaine Marion et les seize hommes qui l'avaient accompagné, n'étant point revenus à bord, avaient été assassinés comme les hommes de la chaloupe.

III

LA VENGEANCE

A l'instant même les officiers des deux bâtiments s'assemblèrent en conseil.

Il s'agissait, s'il en était temps encore, de porter non-seulement secours au capitaine Marion, mais encore de sauver les trois postes que l'on avait à terre.

M. Crozet, le lieutenant du *Mascarin*, avait passé la nuit au poste de l'atelier, de sorte que c'était une nouvelle inquiétude pour ceux qui se trouvaient à bord.

Le résultat du conseil tenu entre les officiers fut que la chaloupe du *Mascarin* serait à l'instant même expédiée, sous la conduite d'un officier, avec un détachement de soldats commandés par un sergent.

L'officier avait l'ordre d'explorer la côte afin de savoir ce qu'étaient devenus le canot de M. Marion et la chaloupe des travailleurs.

En outre il lui était recommandé d'avertir tous les postes, et de se rendre d'abord au lieu de débarquement le plus voisin de l'atelier des mâts, afin de porter à ce poste, le plus avancé dans l'intérieur des terres, tous les secours dont il pouvait avoir besoin.

L'officier partit, muni de ces instructions et suivi par tous les yeux.

En approchant de la terre il fit quelques signaux.

Il venait de découvrir, échoués ensemble, au-dessous du village de Takoury, le canot de M. Marion et la chaloupe des travailleurs.

Ces deux embarcations étaient entourées de sauvages armés de haches, de sabres et de fusils, qu'ils avaient évidemment pris dans les deux bateaux.

7.

Par bonheur ils ignoraient le maniement de l'arme la plus dangereuse, le fusil, qui ne se trouvait plus être entre leurs mains que le manche de la baïonnette, comme disait quelque temps auparavant le maréchal de Saxe.

L'officier, craignant de compromettre sa mission, ne s'arrêta point, quelque facilité qu'il eût, avec une simple décharge de mousqueterie, de mettre les sauvages en fuite ; mais, au contraire, il força de rames, pour ne pas arriver trop tard au poste de la mâture.

M. Crozet, comme nous l'avons dit, se trouvait de service à ce poste.

Il avait mal passé la nuit, sans savoir pourquoi, tourmenté qu'il était par ces vagues pressentiments qui semblent flotter dans l'air à l'approche ou à la suite des grandes catastrophes.

Il en résultait qu'il avait fait bonne et sévère garde, et que, soit que les sauvages n'eussent rien tenté de ce côté, soit qu'ils eussent tenté, mais que, voyant les hommes sur pied et les sentinelles à leur poste, ils eussent reculé devant une attaque à force ouverte, M. Crozet et ses hommes étaient dans l'ignorance complète de ce qui s'était passé.

Le jeune officier se promenait donc tout soucieux, sans savoir pourquoi, un peu en avant des travailleurs, lorsque, vers deux heures de l'après-midi, il commença d'apercevoir un détachement marchant en bon ordre, et il reconnut, aux fusils armés de baïonnettes, que ce détachement marchait en tenue de campagne.

A l'instant même l'idée d'un malheur arrivé traversa son esprit.

Seulement, quel était ce malheur?

Quel qu'il fût, il était important que les hommes de l'équipage ne le connussent point, afin qu'ils n'en fussent point démoralisés.

C'est ce que comprit M. Crozet.

En conséquence, s'avançant au-devant du détachement :

— Halte ! cria-t-il à la distance de cinquante pas.

Le détachement obéit.

Puis, de la tête, il fit signe au sergent de venir à lui, et, franchissant la moitié du chemin :

— Quoi de nouveau ? demanda-t-il.

Alors, à demi-voix, le sergent lui raconta l'épouvantable catastrophe, c'est-à-dire ce que l'on savait du sort de la chaloupe, ce que l'on soupçonnait du sort de M. Marion.

Lorsque le sergent eut fini de parler :

— Pas un seul mot de tout cela devant mes hommes, dit-il au sergent; soyez muet, et recommandez à vos soldats d'être muets comme vous.

Puis, revenant à ses matelots :

— Amis, dit-il, cessez le travail : nous sommes rappelés au bâtiment.

Tous les travaux cessèrent à l'instant.

— C'est bien, dit M. Crozet; rassemblez les outils.

Les outils furent rassemblés.

— Maintenant chargez les armes.

Les matelots se regardèrent en clignant de l'œil, et un vieux contre-maître se tournant de côté vers le lieutenant :

— Il paraît que cela chauffe?

— Chargez les armes! répéta M. Crozet.

On obéit en silence.

Les armes chargées, le lieutenant donna l'ordre d'emporter le plus d'outils qu'il serait possible.

Le reste fut enterré dans un trou creusé au milieu

d'une baraque, et un grand feu fut allumé à cet endroit pour dissimuler, autant que possible, le trésor qu'on était forcé d'abandonner.

Comme nous l'avons dit, les matelots ignoraient ce qui s'était passé ; mais, en se mettant en marche, il leur fut facile de voir toutes les hauteurs environnantes occupées par les sauvages.

Seulement, telle était la discipline que pas un matelot ne se permit une question.

Le vieux contre-maître, seul, hasarda un grognement sourd qui, aux yeux de ceux qui le connaissaient, avait une grave signification.

M. Crozet divisa son détachement de soldats, renforcé de celui des matelots, en deux pelotons.

Les matelots étaient armés de fusils comme les soldats.

L'un de ces deux pelotons marchait en tête, précédé du sergent ; l'autre à l'arrière-garde, sous le commandement du lieutenant Crozet.

Au centre marchaient les matelots chargés d'outils et d'effets.

On partit ainsi de la forêt de cèdres, au nombre d'à peu près soixante hommes.

Peu à peu les troupes de sauvages se rapprochèrent, silencieuses et menaçantes, sans cependant oser attaquer.

Bientôt elles furent à portée de la voix.

Alors des chefs crièrent insolemment à M. Crozet :

— Takoury maté Marion !

Ce qui voulait dire : Takoury a tué Marion.

Comme, par leur fréquentation avec les sauvages, les matelots étaient à peu près parvenus à entendre leur langue, ils comprirent parfaitement ces paroles.

— Mes amis, dit le lieutenant, comme je connais l'amour que vous portiez au capitaine, j'ai voulu vous cacher sa mort le plus longtemps possible.

Maintenant, ne vous inquiétez point de ce que disent les sauvages.

Leur but est évidemment de nous effrayer, de nous séparer les uns des autres par la terreur et de nous massacrer séparément.

Qu'il n'en soit pas ainsi.

Marchons droit et serrés !

Une fois à la chaloupe nous sommes sauvés.

— Mais le capitaine ? murmura d'une voix sourde le quartier-maître.

— Soyez tranquilles, répondit M. Crozet, le capitaine sera vengé, je vous le promets.

Et toute la troupe continua son chemin, sans laisser voir aux sauvages qu'elle eût rien appris de nouveau.

On fit ainsi deux lieues en silence, l'œil au guet, deux lieues pendant lesquelles on s'attendait à chaque instant à être attaqué par les sauvages.

Mais, au grand étonnement du lieutenant, ceux-ci se contentèrent de suivre sa troupe, en répétant de temps en temps d'un air de triomphe ces terribles paroles, qui sonnaient comme une cloche funèbre aux oreilles des matelots :

— Takoury maté Marion !

Le lieutenant l'avait dit, le capitaine Marion était adoré de ses hommes.

Parmi ces hommes il y avait d'excellents tireurs, sûrs de mettre leur balle, à cent pas, dans le fond d'un chapeau.

Ces hommes, impatients, mordant leurs lèvres frémissantes, demandaient à M. Crozet qu'il leur fût permis de faire feu.

Mais, malgré ces instances, le lieutenant renouvela

l'ordre de continuer la marche, sans répondre à tous ces cris, sans paraître s'en inquiéter, sans paraître manifester la moindre disposition hostile.

En effet, autour de ces soixante hommes étaient déjà réunis mille naturels à peu près.

Malgré la supériorité des armes, ces soixante hommes pouvaient être écrasés par la supériorité du nombre, et alors, selon toute probabilité, ni l'un ni l'autre des deux vaisseaux français ne sortait de la baie des Iles.

Il y avait d'ailleurs un troisième poste, celui des malades ; celui-là surtout il fallait le mettre en sûreté.

Aussi, à demi-voix et tout en marchant :

—Amis, disait M. Crozet, contenez-vous, ne tirez pas ; marchez en bon ordre et comme des soldats civilisés devant cette horde de brigands.

Bientôt, soyez tranquilles, nous prendrons notre revanche.

Mais le lieutenant avait beau dire, des coups d'œil jetés de côté et de sourds murmures rendaient aux sauvages menace pour menace, et annonçaient à ceux-ci qu'au moment de la vengeance ils ne seraient pas plus épargnés qu'ils n'avaient épargné les autres.

Au fur et à mesure que les matelots et les soldats approchaient des chaloupes, les indigènes les serraient visiblement de plus près.

Arrivés au rivage, ils le trouvèrent presque entièrement intercepté.

Il était évident que, si quelque acte hostile devait être accompli de la part des sauvages, ce serait à l'heure de l'embarquement.

Cependant devant la petite troupe ils s'écartèrent.

M. Crozet donna ordre aux matelots chargés d'outils et d'effets de s'embarquer les premiers.

Puis, comme les sauvages faisaient un mouvement en avant dans l'intention évidente de s'opposer à cet embarquement, M. Crozet prit un piquet, marcha droit au chef qui paraissait le plus puissant, planta ce piquet à dix pas de lui, à trente pas à peu près de ses hommes, et lui fit comprendre que, si un seul indigène franchissait cette limite, il le tuerait avec sa carabine.

Cette preuve de hardiesse, qui pouvait être fatale à M. Crozet, produisit au contraire une grande impression sur les sauvages.

Le chef répéta à ses hommes l'ordre que venait de lui intimer le lieutenant, et les Zélandais s'assirent à terre en signe d'obéissance.

Alors on commença de croire que l'embarquement se passerait mieux qu'on ne l'avait espéré.

M. Crozet fit, comme nous l'avons dit, passer d'abord dans la chaloupe les matelots chargés, puis les matelots armés de fusils, puis les soldats, puis il passa le dernier.

Ce qui rendait l'embarquement plus dangereux, c'est que la chaloupe, énormément chargée, tirait plusieurs pieds d'eau et par conséquent ne pouvait accoster au rivage, de sorte que soldats et matelots, pour s'y rendre, étaient obligés de se mettre à la mer. Aussi à peine les insulaires eurent-ils vu M. Crozet entrer dans l'eau à son tour qu'ils se levèrent tous ensemble en poussant leur cri de guerre.

En même temps, franchissant la limite imposée, ils lancèrent sur les Français une grêle de javelots et de pierres, qui par bonheur n'atteignit personne.

Puis, en même temps, avec de grands cris, ils mirent le feu aux cabanes que le poste du bord de la mer avait construites sur le rivage.

Tout cela se faisait tandis qu'une seconde troupe, qui paraissait destinée à encourager la première, frappait ses armes les unes contre les autres, en hurlant un chant de massacre.

Aussitôt embarqué, le lieutenant fit lever le grappin de la chaloupe et rangea tous ses hommes de manière à ce que les rameurs ne fussent gênés en aucune façon dans leurs mouvements.

La chaloupe, au reste, était si chargée que M. Crozet fut forcé de se tenir debout à la poupe, ayant la barre du gouvernail entre les jambes.

Malgré la promesse faite à ses hommes, l'intention du lieutenant, si la chose demeurait possible, était de ne pas tirer un coup de fusil, de regagner le bâtiment le plus vite possible, et d'envoyer aussitôt la chaloupe relever sur l'île Malou-Rocca le poste des malades, la forge et la tonnellerie.

Mais, à mesure que la chaloupe, un peu plus libre de ses mouvements, s'éloignait du rivage, les cris et les menaces des sauvages redoublaient, de sorte que la retraite de la chaloupe avait tout l'air d'une fuite; d'ailleurs les matelots grondaient sourdement, répétant entre eux les paroles du chef : *Takoury maté Marion!*

En outre, il était peut-être dangereux pour les bâtiments qui se trouvaient en ce moment dans le port de la Nouvelle-Zélande, et surtout pour ceux qui pouvaient y aborder dans l'avenir, de s'éloigner ainsi sans laisser aux assassins un souvenir terrible de la façon dont se vengeaient les Européens lorsqu'ils voulaient se venger.

En conséquence le lieutenant donna ordre de lever les rames, ordre qui fut exécuté avec une rapidité qui indiquait la satisfaction de ceux qui le recevaient.

Puis il commanda à quatre de ses meilleurs tireurs d'apprêter leurs armes et de faire feu, particulièrement sur les chefs, reconnaissables, parmi tous, à leur costume d'abord, puis à la façon dont ils s'agitaient en excitant leurs hommes.

Les quatre coups de fusil partirent en même temps.

Pas un ne fut perdu, quatre chefs tombèrent.

Les quatre tireurs passèrent à leurs compagnons leurs armes déchargées et reçurent en échange quatre fusils en état.

Autant d'hommes tombèrent à cette seconde décharge qu'à la première.

Et ainsi pendant dix minutes la fusillade meurtrière continua.

Au bout de ces dix minutes, le rivage était jonché de morts, et une douzaine de blessés agonisaient dans l'eau.

Les sauvages debout et survivants avaient vu tomber leurs compagnons avec une incroyable stupidité.

Quoiqu'ils eussent assisté à l'effet des fusils de chasse sur les canards, les pigeons et les cailles, il était évident qu'ils ne s'étaient point rendu compte de ce moyen de mort; peut-être avaient-ils cru d'abord que ce bruit qui les avait tant effrayés eux-mêmes avait suffi pour leur donner la mort.

Il en résultait qu'à chaque coup de fusil, se figurant sans doute que ceux qui étaient couchés à terre allaient se relever, ils redoublaient de cris et de menaces, mais ne faisaient aucun mouvement pour fuir.

On les eût exterminés tous ainsi, sans qu'ils bougeassent et sans qu'ils pussent rendre une égratignure en échange des coups mortels qu'ils recevaient, si le lieutenant n'eût donné l'ordre positif de cesser une fusillade dont les effets, au contraire de celui qu'il en ressentait, causaient une satisfaction visible aux soldats et aux matelots.

Mais à son ordre la discipline militaire l'emporta ; les fusils s'abaissèrent, les rames retombèrent à l'eau, et la chaloupe, fendant les vagues, nagea vers le navire aussi rapidement que le lui permettait le poids énorme dont elle était chargée.

A peine arrivé à bord du *Mascarin*, M. Crozet expédia la chaloupe pour aller relever le poste des malades ; c'était à lui que revenait à la fois le commandement du *Mascarin* et la responsabilité de la perte ou du salut de l'équipage après la mort du capitaine Marion.

Il s'empara donc d'une main ferme de ce commandement ; la situation était grave et ne permettait ni hésitation ni retard.

Les ordres furent donnés en conséquence, et le premier, nous l'avons dit, fut de relever le poste des malades.

Un officier et un détachement frais furent expédiés à terre avec l'ordre de renvoyer à bord tous les malades, qu'il importait d'abord de mettre hors de danger.

Puis on devait s'occuper des officiers de santé et des ustensiles de l'hôpital.

Il fallait du temps pour opérer ce transport d'hommes et d'objets ; on s'était établi dans l'île comme chez soi, pour y rester le temps nécessaire, et par conséquent on s'était donné toutes les commodités possibles.

M. Crozet ordonna d'abattre les tentes et de faire autour de la forge, qu'on n'avait pas le temps de ramener le même soir, un retranchement composé de tonneaux pleins d'eau.

En outre de cette petite fortification, qui devait être gardée par une vingtaine d'hommes, des sentinelles avancées furent placées du côté du village.

C'était naturellement de ce côté que l'on craignait une attaque, et cette crainte était d'autant mieux motivée que la forge renfermait une grande quantité soit de fer brut, soit d'objets en fer, et que les sauvages, ayant appris à estimer ce métal par les services qu'il leur rendait, dirigeaient toujours leurs échanges dans le but de s'en procurer.

Le chef de ce village s'appelait Malou.

L'officier expédié à terre, outre toutes les instructions bien arrêtées, avait reçu des signaux de nuit à l'aide desquels il pouvait correspondre avec le vaisseau.

Une moitié des soldats et des hommes de l'équipage devait dormir tout habillée et tout armée, afin de porter un secours rapide aux hommes débarqués, au cas où l'on s'apercevrait que ceux-ci en auraient besoin. Vers onze heures du soir les malades furent amenés sur les vaisseaux sans aucun accident.

Toute la nuit les sauvages rôdèrent autour du poste.

Quoique leur présence ne se décélât que par des bruits pareils à ceux d'animaux sauvages, on les reconnut, ces bruits n'ayant point été entendus pendant les nuits précédentes.

Mais, pendant toute la nuit, les sentinelles ayant fait bonne garde et échangé entre elles les cris de veille, ils n'osèrent point attaquer.

Le lendemain 14, le lieutenant Crozet fit descendre dans l'île un nouveau détachement et deux officiers.

Les deux bâtiments, comptant sur la continuité de leurs bonnes relations avec les indigènes, n'avaient fait ni leurs provisions d'eau, ni leurs provisions de bois.

Or, comme ces deux choses étaient d'absolue nécessité, comme il était bien difficile d'aller les chercher sur la grande terre dans l'état d'exaspération où étaient les sauvages, on résolut, l'île contenant à profusion l'eau et le bois, d'approvisionner les vaisseaux aux dépens de l'île.

Voilà pourquoi un nouveau détachement et deux officiers venaient d'y être envoyés.

Les ordres donnés étaient ceux-ci :

Faire du bois et de l'eau sans attaquer les naturels si les naturels se tenaient tranquilles, mais, à la moindre démonstration hostile de la part de ceux-ci, réunir tout le monde, marcher sur le village, l'emporter de force, le brûler, tuer autant de sauvages qu'on le pourrait, pousser le reste dans la mer.

Pendant toute la matinée nos hommes furent assez tranquilles, mais, vers midi, on vit s'avancer les sauvages en armes.

Arrivés à une centaine de pas des postes, ils firent quelques démonstrations menaçantes et qui avaient visiblement pour but de provoquer les hommes de l'équipage au combat.

Ils étaient à peu près trois cents, et, outre Malou, étaient encore commandés par cinq autres chefs.

Les ordres du lieutenant Crozet étaient précis.

En outre, les hommes de l'équipage, exaspérés de la mort de leur capitaine, ne demandaient pas mieux que d'en venir aux mains et de le venger, ainsi que leurs malheureux compagnons.

En conséquence le tambour battit la charge, et l'on marcha droit sur les insulaires, sans tirer, la baïonnette au bout du fusil.

A la vue de ces trente hommes chargeant en bon ordre les sauvages battirent en retraite jusque dans leur village ; là ils s'arrêtèrent, croyant qu'il leur serait facile de tenir.

Nos hommes les poursuivirent ; à portée de pistolet du village ils firent halte cependant, pour donner aux sauvages la confiance d'essayer de le défendre.

En effet, voyant leurs ennemis s'arrêter, les insulaires reprirent courage.

Malou et les autres chefs s'agitèrent énormément, et, s'ils n'obtinrent pas de leurs hommes de marcher contre les Français, ils parurent du moins décidés à défendre vigoureusement leurs maisons.

Voyant qu'ils attendaient inutilement l'attaque, les officiers décidèrent d'attaquer eux-mêmes.

On commanda le feu en recommandant de bien viser; les quinze hommes du premier rang tirèrent.

Ils avaient si bien tiré que quatorze hommes tombèrent, et, parmi ces quatorze hommes, Malou et les cinq autres chefs.

En voyant cette trouée dans leurs rangs, en reconnaissant que la mort intelligente avait semblé choisir parmi eux, les insulaires s'enfuirent aussi rapidement que possible à travers le village pour gagner leurs pirogues.

Les soldats les poursuivirent alors au pas de course, et, arrivant presque aussitôt qu'eux sur le rivage, ils en tuèrent cinquante et culbutèrent les autres dans la mer.

Le reste, deux cent trente à peu près, s'enfuit sur les pirogues; mais, en s'enfuyant, les sauvages purent voir leur village en feu.

Tout fut brûlé, depuis la première jusqu'à la dernière hutte, et l'on ne quitta la place que lorsque tout fut complètement rasé par l'incendie.

Du côté de l'équipage, un seul homme avait été

assez grièvement blessé par un coup de javelot qui l'avait atteint près de l'œil.

L'île, complétement évacuée, était donc au pouvoir des hommes du *Mascarin*.

Ils en profitèrent pour faire enlever la forge, les fers, les pièces à eau, et abandonner entièrement le poste.

Puis on revint au bâtiment.

Mais M. Crozet pensa qu'un surcroît de précautions devait être pris.

Il renvoya une vingtaine d'hommes dans la même île afin de couper toute la fougère, qui, haute de six pieds, pouvait cacher des embuscades.

Puis il commanda que les sauvages tués fussent enterrés avec une main saillissant hors du sable, afin que ceux qui survivaient, en retrouvant les corps de leurs compagnons, comprissent bien que les hommes blancs n'étaient point anthropophages comme eux.

M. Crozet avait, du reste, donné la veille un ordre qui n'avait pu être exécuté.

C'était celui de faire prisonniers, si la chose était possible, quelques jeunes gens ou quelques jeunes filles du village de Marou.

Mais, avant d'attaquer, les Zélandais avaient eu la précaution d'envoyer sur la grande terre leurs femmes et leurs enfants.

Cependant, comme M. Crozet avait promis aux soldats et aux matelots cinquante piastres pour chaque homme ou femme qu'ils amèneraient vivant, ils avaient essayé de garrotter les blessés qui n'avaient pas pu fuir et de les transporter avec eux.

Mais la chose avait été impossible.

Ces blessés mordaient comme des bêtes féroces, et, garrottés, brisaient leurs liens comme des fils.

On tua donc tout.

Cependant *le Castries*, pour lequel on travaillait surtout dans la forêt de cèdres, n'avait ni mât de beaupré ni mât de misaine, et ne pouvait se remettre en mer ainsi désemparé.

L'île n'offrait point d'arbres assez forts pour en faire des mâts. On ne pouvait risquer d'en aller couper dans la grande terre.

On fit des mâts par l'assemblage de petites pièces de bois que l'on retrouva dans les bâtiments, et, au bout de quinze jours, tant bien que mal, *le Castries* se trouva remâté.

Mais ce qu'il y eut de plus long à faire, ce fut l'eau et le bois à brûler.

Il fallait pour les deux bâtiments sept cents barriques d'eau et soixante-dix cordes de bois, et, comme il ne restait qu'une seule chaloupe pour accomplir ces travaux, on mit un mois à les achever.

Au reste, comme on le comprend bien, ce mois ne s'écoula pas sans quelques alarmes.

On envoyait tous les jours la chaloupe à terre avec une trentaine de travailleurs.

Une fois la chaloupe, en revenant, rapportait de l'eau.

Une autre fois elle ramenait du bois, et, chaque soir, soldats et travailleurs revenaient coucher au vaisseau, sur lequel veillaient chaque nuit quatre hommes de garde.

Une nuit, les sauvages passèrent, sans que personne s'en doutât, de la grande terre sur l'île.

Ce soir-là, justement, la chaloupe demeura plus tard à travailler que d'habitude.

Tout à coup, un peu avant la tombée de la nuit, il sembla à l'une des sentinelles qu'elle voyait venir à elle un matelot de la chaloupe.

Un instant elle pensa qu'un homme de l'équipage avait pu peut-être échapper au massacre général, et, passant de la grande terre à l'île, essayait par ce chemin de regagner le bâtiment.

Cette supposition paraissait d'autant plus probable que cet homme se cachait à l'aide de tous les accidents de terrain, de toutes les anfractuosités de rochers, de tous les buissons dont il pouvait s'aider sur sa route.

Cependant, quand il ne fut plus qu'à cinquante pas à peu près de la sentinelle, celle-ci pensa qu'il n'y avait aucun mal de crier : Qui vive ? attendu qu'à ce qui vive l'homme, s'il appartenait véritablement à l'équipage, ne manquerait pas de se faire reconnaître.

En conséquence, la sentinelle poussa le cri consacré; mais, au lieu de répondre, l'homme parut s'aplatir entre deux rochers.

Un instant après il reparut, risquant quelques mouvements nouveaux.

Aussitôt la sentinelle poussa un second cri, lequel fut suivi d'une immobilité pareille.

Enfin un troisième cri retentit, et comme celui-là

n'avait, pas plus que les deux autres, obtenu de réponse, la sentinelle fit feu.

L'homme tomba mort.

Aussitôt on vit surgir derrière cet homme, qui sans doute lui servait de guide, une troupe nombreuse de sauvages qui agita ses armes en poussant de grands cris.

Mais, au coup de feu, le détachement s'était mis en bataille. En se repliant, la vedette le trouva à vingt pas derrière elle.

On savait comment on devait en agir avec les Nouveaux-Zélandais; on les chargea au pas de course, ils prirent la fuite; on les poursuivit toujours tirant, on en tua de nouveau une cinquantaine, et, comme la première fois, on les chassa de l'île, où ils n'osèrent plus remettre le pied.

De leur côté, les sauvages étaient sur leurs gardes.

Des bâtiments on pouvait, à l'aide des lunettes, suivre tous leurs mouvements.

Ils s'étaient réunis sur les hauteurs, d'où ils donnaient le signal aux gens des villages qu'ils pouvaient se livrer à leurs occupations habituelles ou devaient les venir rejoindre.

La nuit, ils correspondaient par des feux.

Chaque fois qu'une troupe un peu considérable d'indigènes longeait le rivage, quoique ce fût hors de portée de l'artillerie, on leur lâchait un coup de canon à poudre pour leur montrer que les bâtiments étaient sur leurs gardes ; mais comme, tout en entendant le bruit, ils ne voyaient nulle part l'effet du coup, ils en vinrent à se persuader que ce tonnerre était inoffensif.

Il résulta de cette conviction qu'une pirogue chargée de huit ou dix hommes se hasarda un jour à passer à emi-portée du *Mascarin*.

M. Crozet appela le meilleur pointeur et fit tirer un coup de canon à boulet sur la pirogue.

Le boulet coupa la pirogue par la moitié et tua deux hommes ; les autres se sauvèrent à la nage.

Cependant on n'avait point de nouvelles de M. Marion.

Quoiqu'on eût la presque certitude de sa mort, on ne pouvait quitter l'île sans une conviction entière à ce sujet.

On décida donc que, deux ou trois jours avant le départ, on ferait une expédition au village de Takoury ; d'après les propres paroles des naturels, comme c'était là qu'avait disparu le capitaine, c'était là qu'il fallait l'aller chercher.

D'ailleurs, c'était là qu'on avait vu les deux canots échoués et entourés par les naturels du pays.

En conséquence, le moment du départ fut fixé au surlendemain 14 juillet 1772. Le 12 juillet au matin, le lieutenant Crozet donna l'ordre à la chaloupe d'appareiller, y fit descendre un fort détachement commandé par des officiers expérimentés, auxquels il recommanda de ne point revenir à bord sans nouvelles certaines du malheureux Marion et de ceux qui l'avaient accompagné.

Pour arriver à ce résultat et laisser dans l'esprit des sauvages une haute idée de notre puissance, les instructions étaient de descendre à l'endroit où les canots avaient été vus, de monter jusqu'au village, de l'emporter de force s'il était défendu, d'en exterminer les habitants, de fouiller avec soin toutes les maisons, de recueillir jusqu'aux moindres objets ayant appartenu au capitaine ou à ses compagnons d'infortune, afin de pouvoir constater leur mort par un procès-verbal authentique, et de terminer enfin leur expédition en mettant le feu au village ; après quoi l'expédition reviendrait vers le bâtiment, remorquant toutes les pirogues de guerre que l'on pourrait réunir, et de toutes ces pirogues réunies ferait au milieu de la mer un immense bûcher auquel le feu serait mis ; de cette façon les Nouveaux-Zélandais, des hauteurs où ils étaient réfugiés, assisteraient à l'incendie de leur flotte.

La chaloupe s'éloigna, emportant cinquante hommes armés de sabres et de fusils, et bien armée elle-même de pierriers et d'espingoles.

L'officier qui la commandait aborda à l'endroit qui lui avait été désigné ; mais les embarcations avaient disparu : les sauvages les avaient brûlées pour en extraire le fer.

Alors on passa au second point de l'expédition : le détachement, la baïonnette en avant, monta au village de Takoury.

Mais le village était abandonné ; ses seuls habitants étaient cinq ou six vieillards trop faibles pour suivre la population, qui avait émigré.

Assis sur des espèces de sièges de bois, ils attendaient, comme ces vieux Romains du Capitole, les modernes Gaulois qui s'avançaient vers eux dans des dispositions non moins hostiles que leurs aïeux vers les sénateurs.

On voulut alors les faire prisonniers, mais le premier sur lequel on porta la main avait près de lui un javelot dont il frappa le soldat qui l'avait touché.

Le soldat blessé recula d'un pas et lui passa sa baïonnette au travers du corps.

Les autres furent épargnés.

Au moment où les soldats étaient entrés par un bout du village, ils avaient vu fuir à l'extrémité opposée, mais hors la portée de la balle, Takoury et une vingtaine d'hommes; le traître avait sur les épaules le manteau du capitaine Marion, facile à reconnaître à cause de ses deux couleurs écarlate et bleue.

On le suivit des yeux dans la colline; il se réunit aux hommes qui couronnaient la hauteur la plus proche du village, et qui, de là, avec de grands cris, assistaient à l'exécution qui se faisait.

Ce qui se faisait était une fouille exacte de toutes les huttes des sauvages.

Dans celle de Takoury on trouva le crâne d'un

homme : ce crâne avait été cuit quelques jours auparavant.

Toutes les chairs du reste de la tête avaient été mangées, et sur le crâne même on voyait encore les traces des dents des anthropophages.

Dans un autre coin une cuisse d'homme, tenant encore à la broche de bois qui avait servi à la faire rôtir, était à moitié dévorée.

Les perquisitions continuèrent, car on ignorait à qui ces débris humains avaient appartenu.

Alors dans une autre hutte on retrouva le corps d'une chemise que l'on reconnut pour avoir appartenu au capitaine Marion.

Le col en était tout ensanglanté, et l'on y voyait trois ou quatre déchirures également tachées de sang sur les côtés.

Dans deux autres huttes étaient une partie des vêtements et les pistolets du jeune enseigne Vaudricourt, qui, ainsi que nous l'avons dit, avait accompagné son capitaine.

Enfin, dans une autre encore, on trouva les armes du canot et un tas de lambeaux et des draps ensanglantés.

C'étaient les hardes des malheureux matelots.

Toutes ces preuves de l'assassinat réunies, le procès-verbal de la mort du capitaine Marion fut dressé; après quoi on mit le feu aux huttes, et, pour que les habitants ne revinssent point éteindre l'incendie, on ne quitta le village que lorsqu'il fut complétement réduit en cendres.

Près du village de Takoury était un village beaucoup mieux fortifié que les autres, et dont le chef, soupçonné d'être le complice de Takoury, se nommait Piki-Ore.

Au milieu de l'exécution qui se faisait du premier village, le détachement s'aperçut que les indigènes évacuaient le second!

Cette fuite confirma leurs soupçons, et le village de Takoury brûlé, on s'achemina vers celui de Piki-Ore.

Celui-là était beaucoup mieux fortifié que l'autre; mais ses habitants n'essayèrent pas même de le défendre.

On en visita donc librement toutes les huttes, et dans ces huttes comme dans celles du village de Takoury, on trouva beaucoup d'objets provenant des embarcations et quelques restes de hardes arrachées aux matelots.

Sur toutes ces hardes des taches de sang prouvèrent que ceux qui les portaient étaient morts de mort violente.

Comme le premier, ce second village fut réduit en cendres.

Puis, afin d'accomplir l'œuvre de destruction dans toute son étendue, en se rembarquant, les hommes du détachement poussèrent à l'eau deux pirogues de guerre, et, les ayant prises à la remorque les amenèrent dans les eaux du *Mascarin*.

On en tira en planches tout ce qui pouvait être utile, puis on mit le feu aux deux carcasses, qui avaient à peu près soixante pieds de longueur.

Ce fut à la lueur de ce dernier incendie que, le 14 juillet 1772, les deux vaisseaux *le Castries* et *le Mascarin* quittèrent la *baie des Meurtriers*.

LA JUNON

I

1795

Lorsque Byron, encore enfant, quitta l'Écosse pour l'Angleterre et Aberdeen pour Newstead-Abbey, on le mit à Nottingham en pension chez un brave homme nommé M. Drury, lequel le prit en affection et lui permit parfois, tandis que ses camarades en promenade prenaient un exercice que son pied boiteux rendait fatigant pour lui, de visiter sa bibliothèque.

Cette bibliothèque, riche en livres sérieux, avait

un compartiment tout entier consacré aux voyages.

C'était ce compartiment que visitait plus volontiers le futur poëte.

Un jour sa vue tomba et son esprit s'arrêta sur le naufrage du navire anglais *la Junon*, et dans le récit si terrible qu'en a laissé John Mackay, second maître du bâtiment, le passage qui se rapporte à la mort d'un jeune homme de l'équipage, et à la douleur que ressentit le père du jeune homme, le frappa si vivement, — dit Thomas Moore en citant le passage de la relation, — que, vingt ans après, on en retrouve le souvenir dans *Don Juan*.

Ce souvenir de Byron, cité par Thomas Moore, nous avait donné, à nous aussi, depuis longtemps, le désir de lire la narration entière de John Mackay.

Aujourd'hui qu'à notre tour nous jetons sur le papier quelques-unes de ces désastreuses histoires, nous nous sommes mis à la recherche de cette relation et nous l'avons trouvée.

Ce sont les pages que l'on va lire, et dans lesquelles on reconnaîtra facilement le passage imité par l'auteur de *Don Juan*.

A l'extrémité de l'empire indien des Birmans, aux bouches de l'Utrawadi, qui lui font un port splendide, s'élève la ville de Rangoun, l'une des plus commerçantes du Pégou.

Pendant les premiers jours de mai de l'année 1795 elle avait dans son port un navire anglais de 450 tonneaux, nommé *la Junon*, prenant, sous les ordres de son capitaine, Alexandre Bremner, une cargaison de bois de teck pour Madras.

Au moment du départ son second maître tomba malade, et l'on reconnut bientôt l'impossibilité où il se trouvait de faire la traversée.

Cette traversée, celle du golfe de Bengale dans sa plus grande largeur, n'étant pas sans danger, surtout au milieu de la mousson du sud-ouest, on s'occupa de remplacer le second maître, malade, par un homme qui pût tenir sa place.

Le capitaine Bremner n'eut point à chercher longtemps.

Un homme dans la force de l'âge, c'est-à-dire de trente-cinq à trente-huit ans, marin consommé, naviguant depuis sa jeunesse, se présenta muni d'excellents papiers, prouvant qu'il avait exploré en tous sens les parages dans lesquels on se trouvait.

Il se nommait John Mackay.

Le capitaine Bremner interrogea cet homme, examina ses papiers, et, reconnaissant qu'il remplacerait avantageusement celui qui lui faisait défaut, traita avec lui pour un an.

Comme le bâtiment sur lequel il s'embarque est de quelque importance pour le marin qui lui confie sa vie, à peine John Mackay fut-il à bord qu'il examina le navire dans toutes ses parties.

L'examen ne fut point à l'avantage de *la Junon*.

Le navire était vieux, en mauvais état, mal pourvu sous tous les rapports, et l'équipage, composé de cinquante-trois hommes, tous Lascars, à l'exception de huit ou dix Européens, n'inspirait point à l'expérimenté John Mackay une confiance qui pût compenser la défiance que faisaient naître en son esprit la vieillesse, le mauvais état et le malencontreux aménagement du trois-mâts.

Aussi crut-il devoir s'expliquer franchement avec le capitaine et lui avouer la mauvaise impression qu'après examen il avait reçue de son bâtiment.

Mais le capitaine Bremner était un de ces insoucieux marins, vieillis sur l'Océan, et pour qui le passé est une garantie pour l'avenir.

Il répondit à son second contre-maître que depuis vingt ans il naviguait sur *la Junon*, qu'il ne lui était jamais arrivé malheur, et que, puisque *la Junon* avait bien marché vingt ans, elle en marcherait bien vingt et un, c'est-à-dire jusqu'à la fin du bail qu'il venait de passer avec son contre-maître.

John Mackay répondit que l'observation qu'il s'était permise n'avait rien d'égoïste, mais avait été faite dans l'intérêt de tous; que lui personnellement était, Dieu merci! assez familiarisé avec la mer pour traverser, s'il le fallait, le golfe du Bengale dans une chaloupe, mais que, tout commandement à bord d'un navire entraînant une responsabilité, il avait cru, pour dégager la sienne, devoir hasarder les observations qu'il venait de faire.

Le capitaine, d'un air tant soit peu goguenard, remercia son second maître, et, lui montrant sa femme

9.

qui montait en ce moment à bord du bâtiment et qui faisait la traversée avec lui, il lui demanda s'il ne le croyait pas souverainement intéressé à ce que la traversée fût heureuse.

En effet, en jetant un regard, si rapide qu'il fût, sur madame Bremner, on comprenait l'intérêt qu'un mari avait à conserver une si charmante femme.

Madame Bremner, qui venait de se marier il y avait six mois à peine, était en effet une charmante créature.

Née dans l'Inde, d'une famille européenne, elle possédait, outre sa beauté remarquable, toute cette grâce charmante des créoles, qui empruntent dans tout l'ensemble de leur organisation quelque chose à cette luxuriante nature au milieu de laquelle elles ont ouvert les yeux, ont grandi et doivent mourir.

Une esclave malaise, vêtue de son costume pittoresque, l'accompagnait, et, en l'accompagnant, complétait la composition de ce tableau dont elle était la figure principale.

John Mackay comprit donc qu'il serait mal venu, lui qui ne risquait que sa peau, d'insister sur le dangers que courait un bâtiment auquel son capitaine confiait une si charmante créature.

Les derniers aménagements furent donc faits sans amener de nouvelles observations de la part du second contre-maître, et, le 29 mai 1795, avec le commencement du flot, le trois-mâts mit à la voile ayant vingt-cinq à trente pieds d'eau sur un fond de vase molle.

Dès le commencement, le second maître crut s'apercevoir qu'on laissait dévier le bâtiment de la route qu'il devait suivre; mais le capitaine Bremner naviguait depuis trop longtemps dans ces parages pour que l'on pût croire qu'il fît erreur.

Cependant John Mackay fit l'observation au premier maître Wade qu'il lui semblait que le navire appuyait à droite plus qu'il ne devait faire, et, comme le maître reconnaissait la justesse de l'observation, il ordonna de jeter le plomb de sonde.

On avait moins de vingt pieds de fond.

La chose était grave; on en fit part au capitaine, qui n'en voulait rien croire, mais qui, s'étant assuré du fait par lui-même, ordonna aussitôt de virer de bord.

Mais, avant que le timonnier eût pu mettre la barre du gouvernail sous le vent, une violente secousse annonça que le navire avait touché.

Il n'y avait pas une seconde à perdre; le capitaine ordonna à l'instant même de brasser pour dégager le bâtiment, mais ce fut un commandement inutile ; il ne s'agissait plus que de l'empêcher d'aller à la dérive.

On mouilla immédiatement deux ancres d'affourche, et l'on s'aperçut, à la grande joie de tout le monde, que le navire était stationnaire.

On eut le temps alors d'examiner la situation.

La Junon avait touché sur un banc de sable presque aussi dur que de la pierre, mais cependant le navire avait résisté, aucune voie d'eau ne s'était déclarée; rien n'était donc encore perdu en réalité, lorsqu'une des deux ancres perdit fond et fit chasser l'autre.

Aussitôt l'ordre fut donné et exécuté de laisser tomber la maîtresse-ancre.

Le vaisseau, déjà à la dérive, roidit la chaîne, qui se tendit comme la corde d'un arc, mais qui suffit à l'arrêter.

Il y avait eu un moment d'angoisse que calma l'immobilité du bâtiment.

Le capitaine Bremner commençait intérieurement à reconnaître la justesse des observations de son second maître, mais, au lieu de lui savoir gré d'avoir prévu le péril, il lui en voulait presque de l'avoir prédit.

D'ailleurs, comme nous l'avons dit, rien n'était perdu; si l'on arrivait à empêcher, lors de la marée basse, le vaisseau de chavirer, on était à peu près sûr de le dégager avec le reflux, et, puisque l'accident arrivé n'avait point amené de grave avarie, on pourrait continuer son chemin en laissant derrière soi, sans y songer davantage, ce premier hasard de la mer.

En attendant il s'agissait d'alléger le navire.

On amena les mâts et les vergues de perroquet.

A la marée basse le navire donna à la bande d'une manière effrayante.

On s'y était attendu; ce fut un moment terrible, mais il s'écoula sans nouvel accident.

Le capitaine passa tout fier devant John Mackay.

— Eh bien! maître, dit-il, pour un vieux bâtiment, il me semble que *la Junon* ne se conduit pas trop mal.

John Mackay secoua la tête.

Sans doute *la Junon* se conduisait bien ; le tout était de savoir si elle continuerait ainsi.

L'événement d'ailleurs parut donner raison au capitaine.

Au reflux le navire flotta ; à peine s'en fut-on aperçu que l'ordre fut donné de lever les ancres. On déploya tout ce que l'on avait de toile à bord, et l'on se trouva bientôt dans des eaux assez profondes pour que disparût toute crainte de toucher de nouveau.

Le 1er juin le vent fit une saute et souffla violemment du sud-ouest ; presque aussitôt la mer grossit, et le vaisseau fatigua beaucoup.

Le second maître avait mis un homme à fond de cale ; au bout de quatre heures à peu près, l'homme remonta en criant qu'une voie d'eau venait de se déclarer.

C'est ce qu'avait toujours craint le contre-maître.

Le capitaine descendit lui-même dans la cale, où l'eau commençait en effet à pénétrer ; par malheur il n'y avait pas même de charpentier à bord et presque pas d'outils.

On s'occupa donc de vider le bâtiment, et, à cet effet, tout le monde se mit aux pompes et travailla sans distinction; mais, comme si tout dût concourir à la perte de *la* malheureuse *Junon*, le lest du navire était de sable, et ce sable mêlé à l'eau engorgeait rapidement les pompes.

On ne gagnait donc rien sur l'eau, et, tout au contraire, c'était l'eau qui gagnait sur les travailleurs.

Ce gros temps dura huit jours, pendant lesquels le navire fatigua énormément.

Alors on délibéra si l'on ne retournerait pas à Rangoun; mais comme c'eût été reconnaître de la part du capitaine que le second maître avait eu raison, et qu'un capitaine ne peut pas avoir tort, M. Bremner fit observer que la côte de Rangoun était si basse qu'on ne l'apercevait pas à plus de trois ou quatre lieues de distance; qu'en suivant la route exacte, et avec un navire facile à manœuvrer, il fallait se tenir dans une espèce de canal qui n'avait pas plus de trente pieds de profondeur; qu'aux deux côtés de ce canal gisaient des bancs de sable sur lesquels on avait touché déjà, et qui ouvriraient le bâtiment pour peu qu'on y touchât encore ; que mieux valait donc continuer la route, au risque de ce qui pourrait arriver ; que d'ailleurs le gros temps durait depuis sept jours, et, selon toute probabilité, ferait bientôt place à une mer plus calme, et qu'avec une mer plus calme il y aurait moyen de se rendre maître de la voie d'eau.

Le capitaine était le maître, son opinion en matière de marche était un ordre ; on continua donc de naviguer sur Madras, autant au reste que le permettait le gros temps.

Et d'abord l'événement sembla donner raison au capitaine.

Le 6 juillet le vent diminua, la mer *calmit*, et, comme l'avait prédit M. Bremner, la voie d'eau diminua au point qu'il suffit, pour la tarir, de garder une seule pompe en mouvement.

Alors on fit des recherches, et l'on s'aperçut que la voie d'eau venait de l'étambord à la ligne de flottaison.

C'était un endroit facile à réparer.

Dès le premier jour de calme on mit le canot dehors, et, comme on manquait, ainsi que nous l'avons dit, non-seulement de charpentier, mais encore d'outils, on fut forcé de se contenter de boucher la gerçure avec de l'étoupe, de clouer une toile goudronnée par-dessus le trou et de recouvrir le tout avec une feuille de plomb.

Cet expédient, tout naïf qu'il fût, eut d'abord un plein succès, et, tant qu'il fit beau, on n'eut besoin que de pomper une fois par quart, ce qui fit tout naturellement présumer que l'on s'était rendu maître de la voie d'eau.

On se félicita donc d'avoir échappé au péril, et chacun continua gaîment sa route, à l'exception de John Mackay, lequel, au milieu de ces félicitations, secouait de temps en temps la tête et murmurait un proverbe anglais qui correspondait à notre proverbe français : Qui vivra verra.

II

LA HUNE D'ABTINON

Hélas! on ne devait point tarder à s'apercevoir qu'au milieu de tous le second maître avait seul raison, et qu'il eût mieux valu pour *la Junon* retourner à Rangoun, quels que fussent les dangers qu'offrait la côte du Pégou, que de continuer son chemin à travers le golfe du Bengale, où l'attendait la mousson du sud-ouest.

Le 12 juin, comme il ventait grand frais, comme on sentait, à ces lugubres plaintes qui s'échappent des membrures du bâtiment, que *la Junon* fatiguait beaucoup, ce cri qui avait déjà fait pâlir l'équipage retentit une seconde fois : — Capitaine une voie d'eau!

Aussitôt on se précipita dans l'entre-pont : c'était la même voie qui s'était rouverte.

Cette pauvre réparation, qui avait suffi dans les

jours de calme, avait été insuffisante au premier gros temps.

Seulement, cette fois, la voie d'eau s'ouvrait bien autrement considérable que la première fois, et comme les accidents causés par le sable du lest étaient d'autant plus graves que la voie d'eau était plus forte, les pompes devinrent bientôt insuffisantes, quoiqu'il y en eût trois en mouvement et que l'on vidât en même temps l'eau avec un seau de bois.

Le 16 l'équipage, qui depuis quatre jours travaillait incessamment, était presque épuisé par la fatigue et la privation du repos.

D'ailleurs on commençait à concevoir des craintes sérieuses.

Malheureusement il était trop tard, cette fois, pour retourner en arrière : on était au moins aussi éloigné de Rangoun que de Madras.

On résolut donc de risquer le tout pour le tout, de mettre les voiles dehors, depuis les grandes voiles jusqu'aux bonnettes, et d'essayer de gagner sur son point le plus rapproché la côte de Coromandel.

Une fois à la côte, on la prolongerait avec le bâtiment ou l'on descendrait à terre, selon que *la Ju-*

non pourrait encore tenir la mer ou se trouverait dans l'impossibilité d'aller plus loin.

Le navire dès lors marcha rapidement, plus rapidement même qu'on ne l'espérait, mais sa fatigue augmenta en proportion de sa rapidité, et, comme tout le monde était occupé aux pompes, personne n'avait le temps de songer à la manœuvre.

Au bout de deux jours le vent avait enlevé toutes les voiles, à l'exception de la misaine ; on fut donc obligé, le 18, de mettre en travers jusqu'au 19 à midi, jour et heure auxquels on s'occupa de prendre hauteur, et où l'on reconnut que l'on se trouvait par le 17° degré 10 minutes de latitude nord.

Malgré le travail presque surhumain auquel tout le monde s'assujettit, on s'apercevait que l'eau gagnait incessamment et que le bâtiment s'enfonçait peu à peu. En même temps, et à mesure qu'il s'enfonçait, il devenait si lourd que l'on commençait à comprendre que jamais il ne pourrait se relever à sa flottaison ordinaire.

A partir de ce moment une sombre tristesse se répandit à bord, et, comme chacun se sentait perdu, comme on comprenait que tous les efforts étaient inutiles, il était devenu très-difficile de maintenir les hommes à leur poste.

Vers midi cependant, sur les ordres du capitaine et sur les prières de sa femme, on reprit le travail abandonné un instant.

Ordre d'orienter la misaine fut donné; on obéit, et l'on marcha vent arrière à sec.

En même temps les efforts pour vider le bâtiment avaient redoublé.

On s'était remis aux pompes et aux seaux; mais, au bout de deux heures de travail, on s'aperçut que c'était un moyen de prolonger l'agonie de *la Junon*, voilà tout, et que le bâtiment était bien décidément perdu.

En effet, les matelots qui étaient en bas remontèrent découragés, vers les huit heures du soir, disant que l'eau gagnait le premier pont.

Alors que l'événement eut réalisé ce que John Mackay avait dit du navire, l'événement réalisa encore ce qu'il avait dit de l'équipage.

Les Lascars, qui en formaient les trois quarts, refusèrent les premiers de travailler et se livrèrent au désespoir, entraînant avec eux dans le découragement quelques matelots malais qui se trouvaient aussi à bord.

Quant aux Européens leur courage tint plus longtemps, mais à leur visage assombri il était clair qu'une force morale seule les soutenait, et qu'ils ne se faisaient pas illusion sur le sort auquel ils étaient destinés.

Soit ignorance du danger, soit courage réel, madame Bremner, cette frêle créature qui semblait devoir se courber sous un souffle, comme un roseau sous le vent, madame Bremner consolait et encourageait tout le monde.

On eût dit d'un ange égaré parmi les hommes, que les dangers matériels ne pouvaient atteindre, et qui, au moment où il lui faudra quitter ce monde, déploierait ses ailes invisibles jusqu'alors et remonterait au ciel.

Le soir, vers sept heures, on sentit deux ou trois secousses et l'on entendit comme des gémissements.

C'était le navire qui s'enfonçait de plus en plus. Les navires ont leur agonie comme les hommes, et ils se plaignent, et ils se roidissent.

L'équipage alors, sentant qu'on allait couler bas, demanda tumultueusement que l'on mît les canots à la mer; mais il n'y avait qu'à jeter les yeux sur les deux embarcations pour acquérir la certitude qu'elles ne pouvaient rendre aucun service en pareille circonstance.

Il n'y avait à bord que le grand canot, si vieux qu'il était presque hors de service, et une péniche à six avirons.

L'équipage, après avoir examiné ces deux embarcations, renonça donc de lui-même à s'en servir.

Le soir, vers neuf heures, le capitaine appela le premier et le second maître à une espèce de conseil, et l'on arrêta de couper le grand mât pour alléger le bâtiment; grâce à ce moyen on pouvait espérer encore de se soutenir sur l'eau pendant à peu près vingt-quatre heures.

Aussitôt on se mit à la besogne.

Dans ces sortes d'occasions, l'ardeur avec laquelle les matelots obéissent aux ordres de destruction ressemble à une espèce de férocité.

En un clin d'œil le grand mât, attaqué dans sa base, craqua sous les coups, s'inclina et s'abattit.

Par malheur au lieu de s'abattre dans la mer il s'abattit sur le pont

On comprend la confusion qu'occasionna cette chute.

Les hommes du gouvernail, ne pouvant plus maîtriser le bâtiment, laissèrent *la Junon* présenter le travers; au même moment elle embarqua une lame énorme et l'eau pénétra de tous côtés.

On avait cru retarder la catastrophe, on venait au contraire de la hâter.

Alors le cri : « Nous sombrons ! nous coulons bas ! » retentit de tous côtés.

Madame Bremner, qui comptait encore sur quelques heures et à qui d'ailleurs son mari avait laissé ignorer peut-être l'imminence du danger, s'était retirée dans sa chambre.

En sentant le bâtiment se dérober sous ses pieds le capitaine jeta un cri et voulut se précipiter sous l'écoutille; mais il s'embarrassa dans les cordages et n'eut que le temps de crier à John Mackay, qui était près de lui :

—John, John, ma femme !

Le second maître s'élança vers l'écoutille; il y trouva le premier maître Wade, qui tendait les mains à madame Bremner.

Celle-ci, au bruit qu'avait fait le mât en tombant, s'était jetée hors de son lit.

Tous deux aidèrent la pauvre femme à sortir; mais, à leur grand étonnement, au milieu de toute cette effroyable confusion elle n'avait point perdu la tête; n'ayant pas eu le temps de s'habiller complétement, elle avait pris celui de passer un jupon d'écorce par dessus sa chemise, et dans la poche de ce jupon de glisser une trentaine de roupies, 180 francs à peu près, qui avaient frappé ses yeux sur une table de la chambre.

Qu'on ne s'étonne point que nous nous arrêtions à ces détails, au milieu de la catastrophe terrible qui s'accomplit : on verra que ces trente roupies sont destinées à jouer un rôle dans le dénoûment de ce terrible drame.

Au moment où l'équipage sentit que le bâtiment s'enfonçait, chacun, par un mouvement instinctif, s'accrocha à ce qu'il trouva sous sa main, essayant, en s'élevant le plus possible, de fuir l'eau qui montait rapidement.

Wade et John Mackay, qui se trouvaient à l'écoutille de la chambre du capitaine, saisirent les lisses de l'arrière et gagnèrent, avec madame Bremner, les haubans d'artimon.

Au moment où ils s'y cramponnaient, un bruit pareil à celui d'un coup de canon se fit entendre, suivi d'une secousse terrible.

C'était l'air comprimé dans la coque du navire qui faisait éclater le pont.

A cette secousse chacun crut que tout était fini et ne songa plus qu'à recommander son âme à Dieu.

Mais à peine le pont fut-il couvert d'eau que le mouvement par lequel le navire s'abîmait cessa, non point entièrement, car il fut facile de sentir qu'à chaque lame le navire continuait de sombrer, mais si lentement que les plus basses traverses des haubans ne disparurent que peu à peu, ce qui permettait aux malheureux réfugiés dans les cordages de monter au fur et à mesure que le navire descendait.

Cependant le capitaine, qui avait rejoint sa femme, le premier et le second maître, qui la soutenaient, comprirent qu'ils ne pouvaient ainsi demeurer suspendus aux cordages et qu'il fallait gagner un refuge plus solide.

La hune d'artimon était à une dizaine de pieds au-dessus de leur tête ; ils la gagnèrent des premiers et s'y installèrent.

Nous disons des premiers, car, s'ils n'eussent point eu ce droit de priorité et si la hune eût été occupée, il est probable que, dans un pareil moment, la déférence due à leur grade eût été oubliée et qu'ils fussent restés où ils étaient, ou bien n'auraient eu que les dernières places.

En un instant l'exemple donné fut suivi, et la hune se trouva pleine. Le reste de l'équipage s'accrocha aux manœuvres du même mât.

Un seul matelot, qui se trouvait à l'avant du navire, gagna la hune de misaine et s'y établit.

Alors on attendit avec angoisse ce que Dieu, qui avait déjà décidé du sort de *la Junon*, allait décider à l'endroit du sort des passagers.

Le navire continua de s'enfoncer lentement, d'une dizaine de pieds encore ; puis il parut aux malheureux naufragés qu'il restait stationnaire et roulant entre deux eaux.

Les deux hunes, celles de misaine et d'artimon, étaient suspendues à une douzaine de pieds environ au-dessus de la mer, et, moins un homme qui, ainsi que nous l'avons dit, avait gagné la hune de misaine, tout ce qui restait de l'équipage et qui n'avait pu tenir dans la hune d'artimon était groupé à l'entour.

Alors on s'aperçut que ce mât effroyablement chargé risquait de se rompre.

Il était urgent de l'alléger ; mais, comme ce ne pouvait être aux dépens des hommes que cet allégement s'exécutât, on décida que ce serait aux dépens des manœuvres.

En conséquence, à l'aide de couteaux, on coupa la grande vergue et on la jeta à la mer.

Quoique la coque du bâtiment, alourdie par l'eau qu'elle contenait, établît pour les deux mâts qui sortaient encore de la mer une espèce de centre de gravité, les malheureux qui s'y étaient réfugiés subissaient un roulis si terrible qu'ils avaient peine à se maintenir.

Cependant, si précaire que fût la situation, la plupart étaient si cruellement fatigués qu'après s'être attachés aux manœuvres à l'aide de leurs mouchoirs, ou s'être cramponnés avec leurs bras seulement, ils parvinrent à s'endormir.

Le second maître, John Machay, n'était point de ceux-là.

Plus vigoureusement constitué que les autres, peut-être aussi doué d'une plus grande force morale, ses yeux restèrent ouverts pour contempler le désastreux spectacle où il jouait son rôle.

Près de lui était madame Bremner, aux bras de son mari. Il était nuit.

Quoiqu'on fût au mois de juillet, la brise était glacée. Mieux vêtu que le capitaine Bremner, le bon John ôta sa jaquette et la donna à madame Bremner.

Madame Bremner le remercia en lui jetant un regard qui voulait dire :

« Ah! si l'on vous avait écouté! »

John eût bien voulu lui offrir quelques encouragements comme il lui avait offert sa jaquette, mais, ne conservant aucun espoir lui-même, il n'avait pas le courage de faire naître dans le cœur des autres le courage qui avait complétement déserté le sien.

Et cependant, lorsque, après trois ou quatre heures de doute, pleines d'angoisses, il eût vu que le navire continuait de flotter entre deux eaux sans s'enfoncer davantage, il comprit que, pendant ces quatre ou cinq jours où l'on dit que l'homme peut supporter la faim sans mourir, il arriverait peut-être qu'un navire passât en vue et les recueillît.

Du moment où cet espoir eut, comme une lueur, pénétré dans l'esprit du second maître, elle s'y cramponna et lui rendit d'autant plus affreuse l'idée de cette mort à laquelle il était déjà presque résigné.

Tout à coup il tressaillit : il avait cru entendre le bruit d'un coup de canon.

Trois fois son imagination frappée se figura percevoir le même son, et, chose étrange, il attira sur ce prétendu bruit l'attention de ceux de ses compagnons qui ne dormaient pas, et ils crurent l'entendre comme lui.

Cependant, vers la fin de la nuit, ils reconnurent leur erreur.

Écrasé de fatigue, John Mackay venait de fermer les yeux à son tour, quand, aux premiers rayons du jour, croyant apercevoir un bâtiment, un des matelots s'écria :

—Une voile!

On comprend l'effet que produisit sur ces malheureux un cri pareil.

Aussitôt les Lascars, qui sont musulmans, se mirent à invoquer à haute voix leur prophète, et, à leur exemple, les chrétiens remercièrent Dieu.

Mais, hélas! il en était de la voile comme des coups de canon de la nuit, et, lorsque chacun eut bien fixé ses yeux vers le point désigné, il fut reconnu que ce point était aussi solitaire que le reste de l'Océan.

III

LE RADEAU

Ce double espoir une fois perdu, la situation fut terrible.

Le vent continuait de souffler avec violence, la mer s'élevait à une hauteur prodigieuse, le pont et les parties supérieures du navire se disloquaient, enfin les manœuvres qui supportaient ce mât, auquel s'accrochaient soixante-douze naufragés, semblaient prêtes à chaque instant de céder à la fatigue et menaçaient du plus sinistre dénoûment les malheureux dont elles suspendaient la vie au-dessus d'un abîme.

Dès ce premier jour, quelques individus, perdant toute espérance de salut et préférant une prompte mort à une longue agonie, après avoir fait leurs adieux à leurs compagnons, se laissèrent tomber à la mer et ne reparurent plus, tandis que d'autres, malgré leur désir de vivre, étaient violemment emportés par les vagues, et avec des efforts surhumains et des cris désespérés essayaient inutilement de regagner en nageant cet appui qu'ils avaient perdu.

C'était alors seulement qu'on s'apercevait que, tout submergé qu'il était, le bâtiment continuait de marcher ; car, si lente que parût cette marche, les nageurs ne parvenaient pas à gagner sur elle, et les uns après les autres on les voyait s'engloutir et disparaître sous les flots.

Cependant ce spectacle mortel avait, comme toute chose, et si désespérant qu'il fût, son bon côté.

Pendant les trois premiers jours où la tempête continua de souffler, où la mer conserva son agitation, à l'aspect du gouffre béant, au spectacle de ceux qui s'y perdaient successivement, on pensait moins à la faim ; mais au fur et à mesure que le vent tomba, que la mer se calma, qu'on put concevoir l'espérance que le bâtiment ne s'enfoncerait pas davantage, que le mât se soutiendrait hors de l'eau sans se briser, oh! alors, le pâle spectre de la faim se présenta avec son cortége de hideuses souffrances!

En ce moment plusieurs hommes, trop gênés dans la hune d'artimon et gênant trop les autres, essayèrent de gagner cette hune de misaine du haut de laquelle, désespéré d'être seul, le matelot qui l'avait occupée les appelait.

Mais, sur six qui, profitant d'un reste de force, se mirent à la mer pour parcourir ce trajet, si court qu'il fût, deux seulement atteignirent le but ; les quatre autres se noyèrent.

Comme, au milieu de cette grande catastrophe, John Mackay est le seul qui non-seulement ait conservé sa présence d'esprit jusqu'à la fin, mais encore ait consigné par écrit les détails de l'événement que nous racontons, c'est lui particulièrement que nous suivrons à travers les angoisses, les douleurs et les

espérances qu'il nous a transmises avec la franchise
et la naïveté d'un marin.

A cette première agitation excitée chez lui d'abord
par l'imminence et ensuite par la continuité du danger, succéda vers le quatrième jour une espèce d'indifférence morose, au milieu de laquelle sa grande
préoccupation était de s'endormir le plus longtemps
et le plus profondément possible, afin que le temps
s'écoulât sans trop de douleurs. Il en résultait que
les cris désespérés des Lascars, les plaintes des femmes et les lamentations de ses compagnons d'infortune
le fatiguaient, parce qu'ils le tiraient de cette apathie
qui, n'étant ni la vie ni la mort, avait l'avantage de
n'être pas non plus la douleur.

Pendant les trois premiers jours, suspendu comme
ses compagnons entre la vie et la mort, il n'avait pas
beaucoup souffert de la faim, mais seulement du froid,
toujours mouillé qu'il était par l'écume, toujours glacé
qu'il était par le vent.

Mais le quatrième jour, quand le vent se fut apaisé,
quand le ciel fut redevenu pur, quand un soleil dévorant se fut emparé du ciel et eut verticalement versé
sur son front les torrents de lave de l'équateur, alors

il commença d'éprouver les souffrances de la faim et surtout celles bien autrement terribles encore de la soif.

Cependant, en comparant ce qu'il éprouvait avec ce qu'il avait lu dans certaines relations, il avoue que ces souffrances ne furent pas, pendant cette première période, aussi insupportables qu'il les attendait.

Il est vrai que, dans une de ces lectures mêmes qu'en ce moment son souvenir rappelait à son imagination exaltée, il trouva une recette adoucissante.

Il se rappela avoir noté dans son esprit, pour le cas où il se trouverait en pareille circonstance, un fait raconté par le capitaine Inglefield, commandant du *Centaure*, dans la narration de son naufrage.

Ce fait, c'était le soulagement que le capitaine et ses hommes avaient éprouvé en s'enveloppant tour à tour d'une couverture trempée d'eau de mer.

En effet, la peau, tout en laissant le sel à la surface, absorbait par ses pores la fraîcheur de l'eau, absorption qui calmait en même temps la faim et la soif dans des proportions médiocres, mais sensibles.

A peine ce souvenir lui fut-il venu à l'esprit qu'il résolut de mettre à exécution pour lui et de communiquer à ses compagnons cet avis du capitaine Inglefield.

Il défit en conséquence un gilet de flanelle qu'il portait, et, à l'aide d'un de ces fils de caret que les matelots portent toujours sur eux, il trempa le gilet dans la mer et le revêtit, l'ôtant quand il était sec, le trempant de nouveau et le revêtissant encore.

Ceux qui le voyaient faire, ceux à qui il expliqua les motifs de cette action, l'imitèrent, et, peut-être autant de la distraction que cette occupation leur donna que du remède lui-même, ils éprouvèrent un soulagement réel.

Cependant, durant toute cette quatrième journée, la première où le soleil avait reparu et où il avait en réalité souffert de la faim et de la soif, John avait éprouvé une effrayante agitation; quelque chose comme un commencement de délire lui faisait envisager la mort sous un effroyable aspect, et il éprouvait, à cette seule idée de mourir au milieu des angoisses qui lui étaient promises, des accès de terreur qu'il était sur le point à chaque instant de manifester par des cris de désespoir.

Heureusement, pendant la nuit qui sépara le quatrième du cinquième jour, il fut visité par un songe qui lui fit grand bien.

Comme il arrive presque toujours quand on touche au terme de la vie et que le souvenir franchit d'un seul bond tous les espaces intermédiaires qui séparent la tombe du berceau, tout son premier âge lui revint à la mémoire, avec le cortége des grands parents morts depuis longtemps, des voisins oubliés et de jeunes amis perdus et égarés dans ce vaste désert qu'on appelle le monde, et où il est si rare qu'on se retrouve dès que l'on s'est quitté.

Puis toutes ces premières visions disparurent pour faire place à une vision plus chère que toutes.

Il sembla au pauvre John qu'il avait la fièvre, une fièvre ardente, et que, dans l'accès le plus dévorant de cette fièvre, son père priait en larmes à côté de son lit.

Or, comme ce rêve avait pour John tous les caractères de la réalité, ce fut déjà une grande joie éprouvée que cette présence de son père qu'il n'avait pas revu depuis qu'il avait quitté l'Europe, c'est-à-dire depuis quatre ou cinq ans. En outre, tant que le vieux père de John priait pour son fils, la fièvre le quittait et il se sentait renaître, doucement rafraîchi; mais, au contraire, le vieillard cessait-il de prier un instant, la fièvre le reprenait, plus intense que jamais.

Au reste, tout au contraire de ces sortes de rêves qui d'habitude irritent au lieu de calmer, lorsque John se réveilla il se trouva infiniment mieux; son agitation avait fait place à une profonde mélancolie, et des larmes involontaires mouillaient ses yeux, car de ce rêve il tirait cet augure que son père était mort, et que, témoin au ciel de ses souffrances, il en était descendu un moment pour les adoucir.

Le 25 juin, qui était le cinquième jour après celui où le vaisseau avait coulé, la mort commença de se mettre parmi les malheureux naufragés.

Deux expirèrent de faim, l'un succombant tout à coup comme frappé d'apoplexie foudroyante, l'autre s'éteignant lentement au milieu d'angoisses affreuses.

Depuis que les naufragés avaient retrouvé assez de présence d'esprit pour se communiquer leurs idées, le capitaine et le premier maître avaient toujours dit qu'au premier moment de calme on essayerait de confectionner un radeau.

Ce radeau en projet était le seul espoir de tout le monde, et Bremner et Wade y avaient une grande confiance.

Le calme était revenu, la mer était unie comme un miroir ; on commença d'exécuter ce grand projet.

Pour faire le radeau on avait la vergue de misaine, celle de beaupré et une quantité de petits espars qui étaient traînés à la remorque.

Les meilleurs nageurs se mirent au travail; on ne manquait ni de bois ni de cordage : le lendemain, vers midi, le radeau était achevé.

Alors ce fut à qui s'y embarquerait.

Le capitaine, sa femme et Wade y furent des premiers. Quoique John Mackay ne fût pas aussi enthousiaste qu'eux de ce moyen de sauvetage, l'exemple le décida.

Il descendit à son tour et y prit sa place.

Mais, comme chacun en faisait autant, en un instant le radeau fut tellement surchargé qu'il menaça de couler.

Alors commença une lutte terrible, une lutte comme les fait la faim entre les mourants.

Les plus forts chassaient les plus faibles du radeau, et ceux-ci furent obligés de regagner ces manœuvres et cette hune qu'ils venaient de quitter.

Quelques-uns se noyèrent encore dans cette circonstance, tant ils étaient faibles; car cela se passait avant que le radeau fût lancé, et il n'était distant du bâtiment que de la longueur du câble qui l'y attachait.

Avant que ce câble fût coupé, John demanda au capitaine Bremner s'il avait quelque idée de la direction dans laquelle se trouvait la terre, et s'il pensait qu'il y eût quelque probabilité d'en avoir bientôt connaissance.

Le capitaine, qui ignorait complétement où il était, ne répondit pas.

Alors John, étendant la main vers l'homme qui s'apprêtait à couper le câble, l'arrêta, et, se tournant vers le capitaine, il le supplia, en son nom et au nom de sa femme, de remonter dans la hune et de ne point se hasarder sur ce radeau qui, à son avis, ne présentait aucune chance de salut.

Mais ces prières n'eurent aucune influence sur le capitaine, et, comme madame Bremner déclara qu'elle ne quitterait point son mari, la corde fut coupée et l'on s'éloigna.

John alors baissa la tête et s'éloigna avec eux. On ramait avec des morceaux de bois arrachés aux bordages, et que les matelots, avec leurs couteaux, avaient taillés en forme de pagaies.

Cependant, au bout d'une demi-heure à peu près, Wade s'approcha de John en poussant un soupir.

— Eh bien! demanda John.

Wade secoua la tête.

— Vous aviez raison, dit-il : raison au moment du départ, raison ici. Nous n'avons ni compas ni boussole; nous ignorons complétement où est la terre, et nous allons à une mort certaine. Du haut de notre hune d'artimon au moins nous dominions la mer; nous pouvions voir quelque bâtiment et en être vus; mais, sur ce radeau, perdu au milieu des vagues, nous n'avons pas même cette chance.

— Alors, lui dit John, retournons au bâtiment.

Wade jeta un coup d'œil vers ces deux hunes flottantes, vers ces grappes de malheureux suspendus au-dessus de l'abîme, et, mesurant la distance :

— Nous n'aurons jamais la force de retourner làbas en nageant, dit-il.

— Non, mais pour alléger le radeau on nous y ramènera.

Aussitôt il fit part à ses compagnons du désir que le premier maître et lui avaient de regagner les hunes, et, comme ils l'avaient prévu, chacun s'empressa d'aider à ce retour.

On les ramena jusqu'aux cordages, où ils se cramponnèrent ; quelques secondes après ils étaient revenus à leur ancien poste, et le radeau s'éloignait de nouveau.

On pourrait croire que cette séparation entre malheureux qui ont souffert six jours ensemble et qui vont courir une fortune différente fut cruelle ; on se tromperait : l'égoïsme de la douleur et la crainte de la mort avaient pris en eux la place de tout autre sentiment.

Les gens du radeau virent sans émotion les deux maîtres remonter dans la hune, et les hommes de la hune virent ceux du radeau s'éloigner avec indifférence.

La seule personne à qui l'on s'intéressât réellement était la pauvre madame Bremner, qui avait supporté toutes les souffrances avec un merveilleux courage, et qui, au lieu de lamentations et de plaintes comme en laissaient échapper les hommes les plus forts, n'avait fait entendre jusqu'à cette heure que des paroles de consolation.

D'abord sa présence avait paru à charge à son mari; sans doute ce sentiment venait chez le capitaine de cette idée qu'au fond du cœur madame Bremner lui pardonnerait difficilement, surtout après les observations de John Mackay, de l'avoir entraînée dans un pareil danger; mais, au fur et à mesure que le capitaine avait senti ses forces s'affaiblir, il était revenu à sa femme, s'était en quelque sorte cramponné à elle, ne la quittait plus et n'eût point permis qu'elle le quittât.

On suivit longtemps des yeux le radeau; enfin vers le soir on le perdit de vue.

L'habitude fit que les yeux se fixèrent quelque temps encore sur le point où le radeau avait disparu.

Mais la nuit vint, rétrécissant son cercle noir, et

les malheureux naufragés se trouvèrent de nouveau comme emprisonnés dans l'obscurité.

Le lendemain, aux premiers rayons du jour, on crut apercevoir un objet flottant dans les eaux de *la Junon*.

Tous les yeux se tournèrent vers cet objet, et les naufragés restés dans les hunes et dans les cordages reconnurent, à leur grand étonnement, le radeau qui était parti la veille ; seulement il revenait du côté opposé à celui par lequel il s'était éloigné.

Les hommes avaient ramé jusqu'à l'épuisement complet de leurs forces, et l'on comprend ce que devaient être les forces d'hommes qui depuis sept jours n'avaient absolument rien mangé ; puis ils s'étaient couchés les uns à côté des autres, attendant, désespérés, ce qu'il plairait au Seigneur d'ordonner d'eux.

Dieu avait ordonné qu'ils rejoignissent leurs malheureux compagnons.

Après avoir erré toute la nuit à l'aventure, ils s'étaient, par un de ces caprices du hasard qui semblent une volonté de la Providence, retrouvés à cinquante pas du bâtiment échoué.

Ils tendirent les bras à leurs compagnons, qui les

aidèrent à reprendre leurs places, et l'essai du radeau n'eut plus à leurs yeux que l'importance d'une de ces tentatives inutiles inspirées par le désespoir.

IV

AGONIE

Par un sentiment de commisération qui sommeillait encore au fond de ces cœurs souffrants, mais que contribua puissamment, il faut le dire, à y réveiller le bon John, les deux places qu'ils occupaient dans la hune d'artimon furent rendues à madame Bremner et à son mari.

Le capitaine était tellement affaibli qu'il paraissait sans connaissance, et cependant c'était, dans l'état ordinaire, un homme robuste et vigoureux, un marin endurci à toutes les privations et à toutes les souffrances qui naissent de l'élément qu'il sillonnait depuis trente années.

Sa femme, au contraire, pauvre créature frêle et toute nerveuse, avait supporté toutes ces fatigues, toutes ces privations, toutes ces douleurs, avec un courage, et, chose plus extraordinaire, avec une force merveilleuse.

A peine installé dans la hune, le délire prit M. Bremner, et, dans ce délire, s'imaginant voir une table couverte de toutes sortes de mets, il demandait en se débattant pourquoi on le retenait loin de cette table, pourquoi on lui refusait, quand il avait si faim, quand il avait si soif, quand une telle abondance était étalée devant lui, un morceau de pain et un verre d'eau.

Le spectacle d'une agonie est toujours chose terrible; mais, il faut le dire, les agonies ordinaires ne sont entourées que d'une sorte de douleur, la douleur de la séparation; ceux qui entourent l'agonisant versent sur lui des larmes, larmes d'autant plus abondantes que celui ou celle qui les répand ne court personnellement aucun danger.

Mais il n'en est pas ainsi de l'agonie d'un malheureux expirant de faim et de soif au milieu d'autres malheureux près de mourir de faim et de soif comme lui. Là chacun voit dans le spectacle de la mort d'autrui le spectacle de sa propre mort.

Ces souffrances qu'éprouve le moribond, ils les éprouvent déjà eux-mêmes. Ce délire, dans deux heures, le soir, le lendemain, sera leur délire; cette mort, tôt ou tard, sera leur mort.

Alors plus de larmes douces et qui ont leur soulagement dans leur abondance même : des yeux secs, un désespoir sombre et contenu, des dents grinçantes lorsqu'on reconnaît en soi les premiers symptômes des douleurs qu'on a devant les yeux, des rugissements au lieu des plaintes, des blasphèmes au lieu de consolations.

Enfin le capitaine expira.

C'était le 1er juillet, c'est-à-dire onze jours après la catastrophe.

Dans les convulsions de son agonie, il s'était tellement cramponné à sa femme qu'on ne pouvait lui desserrer les bras ni lui ouvrir les mains.

Sa femme, d'ailleurs, ne pouvait croire à sa mort, se sentant pressée contre le cœur de son mari, elle luttait de son côté pour qu'on ne la privât point de cette dernière étreinte.

On eut toutes les peines du monde à la persuader.

Alors elle laissa tomber ses bras tristement, et, chose étrange, ses larmes qui coulaient s'arrêtèrent.

Les hommes commencèrent par se partager le peu d'habits qu'avait le capitaine, puis ils jetèrent le corps à la mer.

En entendant le bruit que ce corps fit en tombant dans les flots madame Bremner jeta un léger cri, se tordit les bras et s'évanouit.

John Mackay s'empressa auprès d'elle, lui fit rouvrir les yeux, qui alors reprirent la faculté de pleurer qu'ils semblaient avoir perdue.

Pendant les cinq jours qui s'étaient écoulés entre le retour du radeau et la mort du capitaine, il n'était arrivé d'autre accident que celui d'agonies et de morts successives.

Un homme éprouvait tout à coup des soulèvements d'estomac, entrait en convulsions, se roidissait et mourait.

Parfois, en mourant, il lâchait les manœuvres auxquelles il était cramponné et tombait à la mer; parfois, au contraire, il expirait les serrant avec tant de violence qu'il fallait que trois ou quatre hommes réunissent les restes de leur force pour lui faire lâcher prise.

L'un d'eux mourut tellement cramponné qu'on laissa deux jours son cadavre suspendu sans pouvoir lui faire lâcher prise.

Mais, au bout de deux jours, la putréfaction s'y étant mise, il fallut, comme les cordages auxquels il était accroché servaient à la consolidation du mât d'artimon, lui désarticuler les bras au poignet.

Les mains restèrent, le corps s'engloutit.

Dans la matinée du 28, deux jours avant la mort du capitaine, le premier maître, M. Wade, déclara qu'il ne pouvait plus longtemps supporter cette inaction.

Le radeau, retenu par un câble, flottait au-dessous de la hune d'artimon.

Il demanda si quelques hommes voulaient s'y embarquer avec lui et tenter une autre fortune que celle de leurs compagnons.

Deux matelots, deux Malais et quatre Lascars, huit hommes en tout, accédèrent à la proposition, et, quelque effort que fît John Mackay pour les retenir, s'embarquèrent de nouveau.

Comme la première fois le câble fut coupé et le radeau s'éloigna.

Comme la première fois, au bout de deux ou trois heures on le perdit de vue; mais, le lendemain, on ne le retrouva point dans les eaux du bâtiment : une bourrasque s'était élevée dans la soirée, et, selon toute probabilité, le radeau et ceux qui le montaient avaient été submergés.

Cette bourrasque, fatale à ceux qui étaient partis, avait eu un heureux résultat pour ceux qui étaient restés.

Une forte pluie était tombée; les naufragés avaient recueilli l'eau dans des parties de leurs vêtements et avaient pu se désaltérer.

Or la pire souffrance, celle de la soif, était donc calmée momentanément.

A partir de ce moment les naufragés passèrent rarement quarante-huit heures sans que quelque bourrasque nouvelle amenât une nouvelle pluie, ce qui, avec l'application sur le corps d'un vêtement qu'on trempait dans la mer à l'aide d'un fil de caret, était un grand soulagement.

En effet, toutes les fois que ces malheureux, si

épuisés qu'ils fussent, pouvaient avaler quelques gorgées d'eau fraîche, pendant quelques heures ils ne ressentaient même plus le côté violent de la faim.

Cependant le jour où mourut M. Bremner, outre lui on perdit encore deux hommes dans la hune d'artimon et deux hommes dans la hune de misaine.

Au reste, ceux qui habitaient l'une de ces deux localités n'avaient aucune communication avec l'autre; ils voyaient ce qui se passait, voilà tout, mais ils n'avaient pas même la force de se parler.

D'ailleurs ils n'avaient rien à se dire.

John éprouvait chaque matin un grand étonnement de se retrouver vivant, et sa conviction était que ce jour était le dernier de ses jours et qu'il serait infailliblement trépassé à son tour avant la nuit.

Il avait entendu dire que l'homme ne pouvait pas demeurer plus d'un certain nombre de jours sans manger, six, sept, huit, dix jours au plus, et, onzième jour, c'est-à-dire au jour de la mort de M. Bremner, il était encore vivant.

Dans la soirée la mer fut plus calme qu'elle ne l'avait jamais été; quelques Lascars, qui encombraient la hune d'artimon, qui gênaient leurs camarades et étaient gênés par eux, se mirent à la nage pour gagner la hune de misaine, qui n'avait jamais été pleine, et dans laquelle la mort de deux hommes, qu'ils avaient vu jeter à la mer, venait de faire un nouveau vide; ils arrivèrent à grand'peine, tant ils étaient affaiblis, et, aidés de leurs compagnons, ils s'y établirent.

A partir du 1er et du 2 juillet, ceux qui avaient survécu tombèrent dans une si grande faiblesse, qu'ils perdirent non-seulement le sentiment de ce qui se passait autour d'eux, mais encore le sentiment de ce qui se passait en eux.

L'espèce d'atonie dans laquelle les plus forts avaient fini par être plongés avait presque annihilé le sentiment de la faim. Quand il tombait un peu de pluie, tous ces agonisants semblaient sortir d'une léthargie; on voyait parmi eux des mouvements inusités : c'étaient les efforts que chacun faisait pour recueillir le plus d'eau possible; puis, cette eau absorbée, quelques paroles de satisfaction s'échangeaient, lentes, tristes, douloureuses, et, peu à peu, le silence et l'immobilité se rétablissaient.

Les souffrances réelles de tous ces corps affaiblis

n'étaient plus ni la faim ni la soif; c'était le froid.

Quoique sous l'équateur, les nuits semblaient glacées; alors on entendait quelques plaintes, quelques gémissements, des dents qui claquaient.

A l'aube, un commencement de chaleur précédait déjà le soleil; puis les membres endoloris et retirés sous les corps s'allongeaient et reprenaient leur élasticité.

Alors commençait une autre souffrance : c'était celle de ce soleil montant à son zénith et frappant verticalement sur tous ces cerveaux vides, habités par le vertige; alors on ne comprenait plus les douleurs de la nuit.

Celles du jour les avaient fait oublier, et le jour on appelait la brise absente, comme la nuit on appelait le soleil absent.

Au milieu de tout cela, des drames individuels s'accomplissaient, presque ignorés de ceux-là mêmes sous les yeux de qui ils se passaient et que leurs propres angoisses distrayaient des angoisses des autres.

Tout le monde, nous l'avons dit, quoique mourant de la même mort, ne mourait pas de la même façon; ainsi, par exemple, le fils de M. Wade, jeune homme robuste et bien portant, était mort presque tout de suite, et presque sans pousser un soupir, tandis que, au contraire, un autre jeune homme du même âge, faible et délicat comme une femme, supporta douze jours la faim et la soif, et n'entra en agonie que le treizième jour.

Ce jeune homme avait son père; seulement la catastrophe les avait séparés; le père était ce matelot qui avait gagné la hune de misaine tandis que son fils avait grimpé dans les haubans d'artimon.

Chacun était resté à son poste, échangeant des paroles pendant les premiers jours, puis, quand la voix se fut éteinte, de simples signes; mais, lorsque les signes du jeune homme eurent appris à son père qu'il sentait la mort s'approcher, alors le malheureux père sembla reprendre toute sa force; il se hâta de descendre, lui qui depuis deux ou trois jours ne bougeait plus; puis, se traînant sur les pieds et les mains, le long du plat-bord au vent, il parvint à rejoindre son fils, le prit dans ses bras, l'emporta, le conduisit sur un des trois ou quatre bordages du gaillard d'avant qui surnageait encore; il appuya le moribond contre la lisse, de peur que les vagues ne l'enlevassent.

Quand le jeune homme éprouvait un de ces soulèvements d'estomac que nous avons indiqués comme un des symptômes mortels, alors il le reprenait entre ses bras, le soulevait à la hauteur de sa propre poitrine, essuyait l'écume de ses lèvres ; s'il tombait quelques gouttes de pluie, il les recueillait avec sollicitude, exprimait sur la bouche de son enfant le chiffon mouillé qui en avait absorbé sa part ; si ces quelques gouttes se changeaient en ondée, il lui ouvrait la bouche pour que, toute fraîche, cette pluie le ranimât.

Il resta ainsi, dans la même position, pendant cinq jours. Enfin, malgré tous ces soins, le jeune homme expira.

Alors le pauvre père le souleva, le serrant contre sa poitrine avec une force incroyable de la part d'un homme qui depuis seize jours n'avait rien pris, le regardant d'un air égaré, croyant toujours que le souffle allait renaître sur ses lèvres ; mais il ne lui fut plus possible de douter que son fils fût véritablement mort.

Alors rien ne parut plus le préoccuper, et son propre sort sembla lui devenir indifférent. Il resta près du corps dans un silence stupide jusqu'à ce que la mer, grossissant dans une bourrasque, lui vint arracher et rouler au loin le corps de son fils.

Quelque temps seulement il suivit le cadavre des yeux à travers les transparentes profondeurs de l'Océan; puis, lorsqu'il l'eut perdu de vue, il s'enveloppa dans un morceau de toile, se laissa tomber et ne se releva plus.

Cependant il dut vivre deux jours encore, autant qu'en purent juger, d'après le frissonnement de ses membres chaque fois qu'une lame venait se briser sur son corps, les témoins de ce drame, qui en avaient suivi avec anxiété toutes les péripéties.

Cette scène fut si déchirante qu'elle produisit une sensation profonde sur ces hommes dans lesquels le sentiment de leur propre situation semblait devoir étouffer tous les autres.

Cependant le navire continuait de rouler ainsi au caprice de la mer, mais sous l'œil de Dieu, sans que nul pût dire vers quel point de l'étendue il s'avançait.

Enfin, dans la soirée du 10 juillet, vingt jours après celui de la catastrophe, un des naufragés fixa longtemps son regard sur un seul point, puis se souleva pour mieux regarder, et tout à coup s'écria :

— Je vois la terre !

V

LES TRENTE ROUPIES DE MADAME BREMNER

Tout au contraire de ce que l'on pourrait supposer en pareille circonstance, ce cri sauveur fut écouté sans aucune émotion, et personne, tant l'apathie était profonde, tant peut-être on était arrivé à douter de la bonté de Dieu, personne ne se souleva d'abord pour constater la fausseté ou la réalité du fait.

Cependant, au bout de quelques minutes, comme s'il eût fallu un temps matériel à cette nouvelle pour pénétrer jusqu'à l'esprit de ceux à qui elle était annoncée, les naufragés firent quelques mouvements qui, presque insensibles d'abord, devinrent plus distincts et aboutirent à une attention générale vers le point indiqué.

Mais déjà la journée était trop avancée pour que l'on pût reconnaître avant la nuit si c'était bien réellement la terre ou l'un de ces mirages qui courent aux yeux des naufragés sur le désert de l'Océan.

Et cependant, chose singulière, à peine avait-on paru attacher d'abord de l'importance à cette nouvelle; puis, sans parler, les regards s'étaient fixés sur le point désigné; puis, comme nous l'avons dit, la nuit était venue et avait tout noyé dans son ombre.

Eh bien! ce fut alors que cette terre sembla se faire visible aux ardents désirs des naufragés.

La conversation, qui depuis longtemps s'était éteinte, se ranima; chacun fit ses observations, et l'on convint unanimement que ce devait être la terre.

Seul John Mackay prétendit que ce n'était point la terre, et même, dans le cas où il admettrait que ce fût elle, il prétendait que ce n'était pas le moins du monde une certitude de salut.

La pauvre madame Bremner, abattue par la mort

de son mari, abattue par ses propres souffrances, venait de se rattacher avec une grande force à cette annonce de la terre ; son esprit se cramponnait à cette idée comme son corps se fût cramponné à quelque cordage ou à quelque espars.

Cette obstination de John Mackay à nier la terre, cette froideur à en accueillir la nouvelle, en supposant que ce fût elle, l'exaspéraient.

— Mais enfin, s'écria-t-elle, pourquoi niez-vous la présence d'une côte quelconque, et pourquoi enfin, si cette côte existe, si elle est là devant nous, paraissez-vous si peu empressé de la voir ?

— Madame, répondit le second maître, parce que je ne crois point d'abord qu'il y ait de terre dans ces parages, et ensuite parce que, s'il y en a une, au lieu d'être notre salut elle sera notre perte.

— Notre perte ! et pourquoi ? demanda la pauvre femme avec des yeux ardents de fièvre.

— Mais, répondit John, parce que, ne pouvant gouverner le navire, il sera impossible de le guider vers un port, et que, ne pouvant être guidé vers un port, il touchera loin de la côte, et, partout où il touchera, sera en peu d'instants brisé par les vagues.

Si vous êtes lasse de souffrir, si vous ne vous sentez pas la force de supporter la vie plus longtemps, appelez la vue de la terre, car la terre sera bien certainement la fin de tous nos malheurs.

Cette prédiction, de la part d'un homme aussi expérimenté que l'était John Mackay, consterna tout le monde, et, avec l'espoir qu'il venait d'enlever à tous ces malheureux, la conversation s'éteignit.

Quant au second maître, il raconte lui-même que l'annonce de cette terre lui fut une si médiocre consolation, qu'il s'endormit, et que le lendemain, en s'éveillant, il ne tourna pas même la tête vers le point de l'horizon où l'on avait cru l'apercevoir la veille.

Mais, juste en ce moment, un des hommes de la hune de misaine agita son mouchoir et essaya de crier :

— Terre !

On vit le mouchoir, on devina ce qu'il voulait dire; mais sa voix, faible souffle, arriva aux oreilles des naufragés de l'autre hune comme un son inarticulé.

Mais alors, à la vue de ce mouchoir, à ce souffle, si faible et si expirant qu'il fût, qui venait caresser son oreille, le second maître lui-même éprouva un vague désir de se lever et de regarder, et cependant, comme il se trouvait dans une position commode, les bras pliés sur son estomac et regardant d'un autre côté, il ressentit une grande paresse de se retourner, et il lui fallut toute sa force de volonté pour qu'il fît à sa curiosité le sacrifice de ce bien-être qu'il éprouvait.

Il en résulta qu'avant qu'il se fût décidé un de ses voisins s'était levé et avait déclaré qu'en effet c'était la terre.

A ces mots un second se leva, puis un troisième, et au bout de cinq minutes, le second maître compris, tout le monde était debout.

En effet John Mackay fut obligé d'avouer que ce que l'on avait devant les yeux ressemblait à une côte.

Seulement, madame Bremner lui ayant demandé s'il croyait que cette terre fût la côte de Coromandel, cette question parut si ridicule au digne marin qu'il ne put, malgré la gravité de la situation, s'empêcher d'en sourire.

Mais, dans le courant de la journée, l'existence

d'une terre dans la direction indiquée parut si évidente que le second maître reconnut lui-même qu'il était impossible que cette découpure qu'on apercevait à l'horizon fût autre chose que la silhouette d'une terre.

Seulement quelle terre était-ce ? Il n'en savait rien.

Alors l'inquiétude fut générale ; mais, chose singulière, au milieu de cette inquiétude générale, l'espérance revint à John Mackay, et cette espérance, c'était encore une idée religieuse qui la lui donnait.

On dit qu'il y a des hommes qui ne croient pas en Dieu.

A quelle autre chose ces hommes-là peuvent-ils donc croire, et à quoi bon croire autre chose ?

Croire en Dieu, c'est croire en tout.

Eh bien ! cette idée religieuse qui était entrée dans le cœur de John Mackay, la voici : c'est qu'il était impossible que Dieu eût permis que les naufragés souffrissent si longtemps pour mettre, au moment où il leur rendait l'espoir, la mort à la fin de leurs souffrances.

Aussi, quand madame Bremner se retourna de son côté et l'interrogea des yeux, comme l'oracle qui devait prononcer sur les probabilités de la vie et de la mort, John Mackay leva les yeux et les mains au ciel et prononça ce mot :

— Espérons !

Dès lors les regards de tous ces malheureux ne quittèrent plus la côte.

Malheureusement, plus on approchait, plus cette côte se déroulait à leurs yeux, plus elle se présentait avec les apparences d'une terre déserte.

La nuit vint sans que rien parût changer cette dernière probabilité.

Le second maître prit ses arrangements pour dormir, convaincu que cette nuit était sa dernière nuit, et qu'avant le lendemain matin le navire aurait touché et serait en pièces.

Il n'en dormit pas moins, tant la fatigue était grande.

Un peu avant le lever du soleil, en effet, John Mackay et ceux de ses compagnons qui dormaient furent réveillés par un choc violent : le navire venait de toucher un rocher.

Un cri faible, presqu'un dernier soupir, sortit de toutes les bouches et s'éteignit presque aussitôt.

Un silence d'angoisse lui succéda.

Cependant le navire éprouvait secousses sur secousses, et ces secousses étaient si violentes que chaque fois les mâts de misaine et d'artimon étaient ébranlés, et que les naufragés, reconnaissant l'impossibilité de se tenir debout dans les hunes, furent obligés de se coucher et de se cramponner aux traverses.

Vers neuf ou dix heures du matin la mer baissa de plusieurs pieds; ce qui restait du pont sortit peu à peu de l'eau et demeura à nu.

Alors on parla de descendre sur ce pont.

Mais descendre sur ce pont, c'était une grande affaire dans l'état où vingt jours de famine avaient mis les survivants. Qu'on se figure, en effet, quel spectacle doivent être des malheureux qui, pendant vingt jours, n'ont eu d'autre soutien que le peu d'eau versée du haut du ciel pendant les jours de tempête.

On essaya cependant, et, comme l'homme, en unissant sa volonté à sa force, finit toujours par faire à peu près ce qu'il veut, on y réussit.

Il y eut plus, le canonnier et le second maître entreprirent de descendre la pauvre madame Bremner, et, après des efforts inouïs, ils parvinrent à l'amener jusque sur les trélingages, où les forces leur manquant ils furent obligés de l'abandonner.

Alors ils s'adressèrent à ceux des Lascars qui paraissaient les moins abattus.

Deux s'offrirent à amener madame Bremner jusque sur le pont ; mais, comme ils savaient que la pauvre femme avait sauvé trente roupies, il en exigèrent huit.

Le canonnier et le second maître les leur promirent au nom de madame Bremner.

Alors ils montèrent jusqu'à elle, la prirent dans leurs bras et parvinrent à l'amener sur le pont.

A peine l'y eurent-ils déposée qu'ils exigèrent le payement de leurs huit roupies.

Madame Bremner était si joyeuse de se trouver descendue de cette malheureuse hune où elle avait tant souffert, elle avait si bonne espérance, quoiqu'en eût dit John Mackay, dans cette terre qui s'étendait devant ses yeux, qu'elle était prête à leur donner tout ce qu'elle possédait.

Mais le second maître lui fit observer que les vingt-deux roupies qu'elle possédait encore était le seul argent qui leur restât, et qu'il valait mieux, le cas échéant, le consacrer au salut de tous que d'en faire cadeau à deux misérables qui, dans une pareille situation, avaient eu l'infamie de faire payer à une femme, et à la femme de leur capitaine mort, le petit service qu'ils venaient de lui rendre.

Au reste John Mackay constate avec orgueil que le trait de ces deux Lascars fut le seul exemple d'égoïsme et de cupidité qu'on ait eu à reprocher à l'équipage.

La fatigue pour arriver sur l'entrepont avait été si grande qu'arrivé là chacun ne songea plus qu'à se reposer, à part quelques Malais et quelques Lascars qui se mirent à fouiller partout pour voir s'ils ne trouveraient pas quelque argent dont ils pussent hériter.

Pendant qu'ils se livraient à cette recherche, le second maître remarqua que la tête du gouvernail avait été emportée, et qu'à l'aide du trou fait par cette brisure, on pouvait facilement descendre dans la sainte-barbe.

Dès que la mer eut quitté le faux-pont, ce qui arriva vers les deux heures de l'après-midi, on y descendit donc pour voir s'il y restait quelque objet qu'on pût utiliser; mais la mer, elle aussi, l'avait visité et avait tout pris, à l'exception cependant de quatre cocos que l'on finit par trouver sous le cordage.

Alors un fait se passa, qui consola un peu les bons cœurs de cette inhumanité qu'avaient montrée les Lascars.

Ceux qui trouvèrent ces quatre cocos, au lieu de les garder pour eux, comme c'était leur droit, déclarèrent que les fruits étaient la propriété de tous et seraient partagés parmi les survivants en portions égales.

La seule prime qu'ils réclamèrent fut l'eau de l'intérieur.

Mais ces fruits étaient si vieux que l'eau de l'intérieur s'était convertie en une espèce d'huile rance qui ne pouvait nullement étancher la soif.

Quant à la partie solide, elle était si vieille et si sèche qu'elle ne contenait presque plus aucune portion nutritive, et que tous ceux qui en mangèrent éprouvèrent bientôt après de violents maux de cœur.

D'ailleurs tout le monde était bien autrement tourmenté de la soif que de la faim.

A part cette absence complète d'eau et de nourriture, à laquelle tous ces mourants semblaient presque s'être habitués, la situation dans la sainte-barbe était bien autrement tolérable que celle de la hune.

Il n'y avait toujours aucune chance d'aller à terre, et, y en eût-il eu, comme cette terre paraissait déserte, mieux valait mourir doucement et tranquillement dans cette sainte-barbe, où par comparaison on se trouvait si bien, que de se faire déchirer par les tigres.

En outre, échoué comme on l'était, on pouvait être vu d'un bâtiment, faire des signaux, être recueilli, ce qui était la chance réelle et la seule véritable espérance.

Au reste, comme la vue de la terre avait eu déjà une heureuse influence depuis qu'on l'avait aperçue, personne n'était mort.

Tous les yeux étaient fixés sur cette bienheureuse terre dont on était éloigné de trois quarts de lieue à peu près.

Vers deux heures de l'après-midi, on commença d'apercevoir comme des hommes qui se groupaient sur le rivage.

Cette nouvelle se répandit aussitôt sur le malheureux bâtiment, et tous ceux qui pouvaient se mouvoir encore gagnèrent le couronnement et essayèrent, en agitant leurs habits et en faisant le plus de bruit possible, d'attirer l'attention de ces hommes.

Mais ces hommes, qu'on avait pu croire d'abord attirés par le spectacle du vaisseau échoué, se dispersèrent sans paraître lui prêter la moindre attention, ce qui fit presque douter aux malheureux naufragés, qui essayaient de se faire voir par eux, que ce fussent réellement des hommes.

Néanmoins la vue de cette terre, de ces créatures qui l'habitaient, quelles qu'elles fussent, rendit la force et le courage aux naufragés; on commença de parler de gagner cette terre à quelque prix que ce fût et dût-on succomber dans la tentative.

En conséquence ceux qui avaient conservé le plus de vigueur parmi les naufragés descendirent dans la sainte-barbe, où l'on avait vu des espars; on s'empara de ces espars, et avec une peine infinie on en jeta une demi-douzaine à l'eau.

Mais ce peu qui flottait était insuffisant pour sauver tout le monde, et les forces épuisées rendaient impossible le transport d'un plus grand nombre.

Malheureusement il n'y avait pas d'espérance que les forces épuisées revinssent; tout effort était en quelque sorte une perte de souffle irréparable.

On se coucha et l'on attendit.

Le soir, à la marée montante, six Lascars, les plus vigoureux de tous ceux qui restaient, se mirent à la mer, se cramponnèrent aux espars et se laissèrent pousser par le flux vers la plage, où, malgré un ressac très-violent, ils parvinrent enfin à aborder à la vue de ceux qui étaient restés sur le bâtiment.

Ceux-là, d'où ils étaient, purent voir leurs compagnons qui venaient d'aborder, trouver un ruisseau et y boire avec des signes de satisfaction auxquels il n'y avait point à se tromper; puis, n'ayant point le courage d'aller plus loin, n'ayant pas la force de se mettre en quête d'une autre nourriture, ils se couchèrent sur le rivage, et, au risque des bêtes féroces dont on avait tant parlé, ils s'endormirent.

Le lendemain avant le jour, les naufragés du bâtiment avaient repris leur place sur le couronnement, afin d'apercevoir la terre aux premiers rayons du soleil et de savoir ce qu'étaient devenus les six Lascars, à qui l'on craignait que la nuit n'eût été funeste.

Mais il n'en était rien par bonheur ; à leur grande joie les naufragés virent ceux de leurs compagnons qui avaient abordé la veille se soulever de la place où ils les avaient vus se coucher, revenir au ruisseau et y boire encore.

C'est alors que ceux qui se trouvaient sur le bâtiment échoué eussent bien voulu imiter leurs compagnons, et, à quelque prix que ce fût, gagner la terre comme eux.

Mais ils étaient si faibles qu'ils désespéraient de pouvoir remuer le moindre espars en réunissant toutes leurs forces ; et, en effet, il ne restait plus à bord que deux femmes, dont madame Bremner, trois vieillards et un homme d'une cinquantaine d'années, alité déjà au moment du départ.

Eh bien ! chose étrange, ces êtres débiles, au grand étonnement du vigoureux John Mackay, qui en était arrivé à être aussi débile qu'eux, avaient supporté des privations et des fatigues auxquelles avaient succombé les hommes les plus jeunes et les plus forts.

Vers midi on aperçut un grand nombre d'hommes, de naturels du pays probablement, qui, s'étant rassemblés sur la plage, marchèrent vers la place où s'étaient recouchés les naufragés.

Ceux-ci semblaient n'avoir pas d'autre ambition que de se tenir au bord de leur ruisseau.

A cette vue, comme on le comprend bien, l'attention de ceux qui étaient demeurés sur le bâtiment se trouva réveillée au plus haut degré.

En effet ce qui allait se passer sous leurs yeux déciderait de leur propre sort à eux-mêmes, et jamais le drame terrible dans lequel ils venaient d'être acteurs n'avait eu une plus intéressante péripétie.

Les deux troupes s'arrêtèrent à quelque distance l'une de l'autre, parurent échanger quelques paroles, plutôt amies qu'ennemies; puis la petite troupe se joignit à la grande, se confondit avec elle, et, tandis qu'une partie de ces hommes allumait du feu sur le rivage, — sans doute pour faire cuire du riz, — l'autre commença à se mettre en communication avec ceux qui y étaient restés, agitant les mouchoirs comme pour leur faire signe de venir à terre.

C'est alors que l'émotion fut grande parmi ces malheureux.

Au lieu de ces bêtes féroces qui pouvaient habiter

ce rivage désert, on rencontrait des créatures humaines qui paraissaient avoir secouru ceux qui avaient abordé et être prêtes à secourir ceux qui aborderaient.

Seulement ces gens n'avaient point de canots, et, en eussent-ils eu, il était évident que ces canots n'auraient pu franchir le ressac; mais enfin l'espérance consolatrice disait aux malheureux échoués qu'ils trouveraient quelque moyen de venir à eux et de les sauver.

Et à cette idée la vie, qui, deux jours auparavant, leur paraissait si lourde et si difficile à supporter, leur était devenue plus précieuse que jamais.

Il résulta de cette recrudescence d'espoir que, re trouvant un peu de force à la vue de ce qui se passait sur le rivage, le second maître John Mackay, à son tour, résolut de faire tout ce qu'il pourrait pour y parvenir.

Il communiqua sa résolution à ceux qui restaient avec lui sur le bâtiment et les invita à l'aider à jeter de nouveaux espars à la mer.

D'abord le canonnier, le contre-maître et le jeune garçon dont nous avons parlé réunirent leurs efforts pour arriver à ce but; mais, au but d'un instant, leurs forces épuisées les trahirent, et ils allèrent, en secouant tristement la tête, se recoucher sur le couronnement.

John Mackay et le jeune garçon restèrent seuls à continuer l'œuvre.

Avec des efforts inouïs ils parvinrent à lancer à la mer un espars auquel ils avaient attaché une corde; ensuite, s'étant saisis d'une portion du bordage qui flottait, ils fixèrent ce nouveau débris à l'autre extrémité du câble.

De cette façon ils se trouvaient donc avoir chacun un morceau de bois pour s'aider dans cette tentative.

Et cependant, au moment de se mettre à la mer, le cœur manqua à John, tout vieux marin qu'il était, et il fut prêt à remonter sur le bâtiment et à y attendre la mort au lieu d'aller au-devant d'elle.

Encouragé néanmoins par son jeune compagnon, et réfléchissant que ces hommes qui étaient sur le rivage n'y resteraient pas éternellement, et dès le même jour pouvaient le quitter, et que le lendemain il aurait moins de force encore que la veille, il résolut de risquer le tout pour le tout.

Il prit donc tristement congé de la pauvre madame Bremner, qui ne marchait plus et parlait à peine, désespéré de la quitter ainsi, mais lui promettant que, s'il gagnait la côte, que si, de cette côte, il y avait un moyen quelconque de lui envoyer du secours, ce secours lui serait immédiatement envoyé.

Elle, de son côté, lui donna une des vingt-deux roupies qui lui restaient et qu'elle gardait d'autant plus précieusement qu'elle avait déjà pu apprécier le service que cet argent lui avait rendu.

Alors John Mackay descendit sur son morceau de bois, et, comme il était occupé de faire sa prière, se recommandant à la Providence, le morceau de bois se détacha de lui-même et se mit à flotter, ce qui lui parut d'un heureux augure ; car il lui semblait que c'était la main même de Dieu qui lui avait fait faire ce premier mouvement vers le rivage.

Et en effet, comme s'il y eût eu miracle, John Mackay, à peine à la mer, s'aperçut que ses membres roidis, dont les articulations ne pouvaient plier cinq minutes auparavant avaient repris toute leur souplesse et une partie de leur force.

Mais cependant il s'aperçut bientôt que l'espars, au lieu de l'aider et de le soutenir, le fatiguait horriblement.

Il tournait sur lui-même à chaque mouvement de la mer et roulait par dessus.

Plusieurs fois submergé et suffoquant, il le laissa aller; mais, dès qu'il se sentait couler, lui-même faisant un effort, il le saisissait de nouveau et le serrait alors étroitement entre ses bras, comme son seul moyen de salut.

Malheureusement il s'aperçut bientôt que la marée, au lieu de le conduire au rivage, le poussait dans une direction à peu près parallèle à la côte. Alors, prévoyant qu'il ne pourrait résister longtemps à une pareille fatigue, John Mackay essaya d'empêcher l'espars de tourner; pour arriver à ce résultat il s'y étendit tout de son long, passa une jambe et un bras par dessus, tandis que, nageant de l'autre jambe et de l'autre bras, il s'efforça de le diriger vers le rivage.

Pendant quelque temps cette manœuvre lui réussit, et il commençait à reprendre quelque espérance lorsque tout à coup une vague énorme vint briser sur lui, l'écrasant de son poids, lui arrachant son espars et le laissant seul roulant entre deux eaux, tout étourdi, à moitié mort du choc et près de perdre connaissance.

Cependant une fois encore il revint à la surface de la mer et parvint à respirer; mais aussitôt une vague lui passant par-dessus la tête le submergea de nouveau.

Cette fois le pauvre John crut bien que tout était fini; son cœur et son esprit s'unissaient déjà, non pas dans une prière, mais dans un cri suprême vers Dieu, quand tout à coup il reçut un choc violent.

C'était une vague qui le rejetait contre l'espars qu'une vague lui avait enlevé.

Il le saisit de nouveau, tourna plusieurs fois avec lui, et, tout en tournant, sentit son corps s'écorcher au contact du sable et des coquillages que la houle entraînait vers la côte, ce qui lui fit comprendre que cette côte n'était probablement pas éloignée, quoiqu'il ne pût la voir.

Enfin, comme les vagues se succédaient de plus en plus violentes, une d'elles le poussa contre un rocher, où, lâchant l'espars, le nageur se cramponna de toutes ses forces, de peur que la lame, à son reflux, ne le ramenât au large.

La lame repassa sans pouvoir l'en détacher.

Alors, fuyant les vagues, il se traîna sur les pieds

et sur les mains du côté du rivage, s'accrochant à quelque roc, se cramponnant au fond lui-même quand la vague hurlante et furieuse s'élançait au-dessus de lui.

Ce fut ainsi qu'il parvint à la côte.

Mais, une fois arrivé là, son épuisement était si grand que, sans s'inquiéter s'il était hors de la portée du flot, il se coucha sur le sable à l'abri d'un rocher, et s'endormit sans pouvoir se rendre compte à lui-même s'il entrait dans le sommeil ou descendait dans la mort.

Lorsque John Mackay se réveilla, il se trouva au milieu d'une douzaine d'hommes parlant la langue indoue, ce qui lui fit grand plaisir, car il craignait d'avoir abordé hors du territoire de la Compagnie.

Comme il disait quelques mots de cette langue, il engagea à l'instant même la conversation avec eux et apprit qu'ils étaient des rayas ou paysans de la Compagnie anglaise, et que le point de la côte sur lequel on se trouvait était à six journées de marche de Chittagong, ou Illamabad, capitale de la Compagnie des Indes du même nom, située à quatre-vingt-dix lieues de Calcutta, sur les frontières du royaume d'Arrakan.

Rassuré sur l'endroit où il avait abordé et sur les hommes au milieu desquels il se trouvait, John leur demanda s'ils ne pouvaient pas lui donner quelques grains de riz, fussent-ils crus.

Ceux-ci lui dirent qu'il n'avait qu'à les suivre, qu'il rejoindrait en moins de cinq minutes ses compagnons, et que là on ferait pour lui ce que l'on avait déjà fait pour eux. John essaya de se lever, mais la chose lui fut impossible.

Il fallut que deux hommes l'aidassent à se mettre sur ses pieds.

Alors il essaya de marcher, mais la chose lui fut impossible.

Deux hommes le prirent dans leurs bras et le transportèrent du côté d'un autre groupe éloigné de quatre cents pas environ.

Pendant le transport on traversa un petit ruisseau.

En voyant cette eau vive et limpide qui serpentait joyeusement au milieu des cailloux, John demanda qu'on lui permît d'y boire.

Ses guides s'y refusèrent d'abord, mais, sur ses pressantes instances, ils consentirent à le déposer près du ruisseau.

Il se jeta éperdûment la tête dans l'eau, avalant de cette eau le plus qu'il pouvait, car il lui semblait qu'il ne la retrouverait plus dès que sa bouche l'aurait quittée.

Les Indous l'en arrachèrent de force, car ils craignaient que, bue en trop grande quantité, cette eau ne lui fît mal.

Mais, au contraire, cette eau fraîche et pure lui avait fait un si grand bien qu'en se relevant il reconnut avec joie qu'il pouvait marcher.

Appuyé sur les bras de ses conducteurs, il atteignit donc le second groupe vers lequel il se dirigeait.

Là il retrouva non-seulement le jeune garçon avec lequel il était parti, les six Lascars qui les avaient précédés, mais encore le canonnier et le contre-maître, qui, entraînés par leur exemple, s'étaient mis à la mer après eux et avaient heureusement gagné la côte.

VI

OÙ LES ROUPIES DE MADAME BREMNER TROUVENT ENCORE LEUR EMPLOI.

Le bonheur qu'éprouvait le brave John en retrouvant ses compagnons, la joie qu'il ressentait d'être sauvé, le bonheur qu'il se promettait à manger ce riz qu'il voyait cuire, le rendirent un instant comme insensé.

Il en résulta que, dans ce moment, n'ayant point la faculté de rassembler ses pensées, n'ayant point la force de les exprimer par des paroles, n'ayant plus qu'un souvenir vague et confus de ce qui s'était passé, il oublia de parler de madame Bremner.

Cependant le riz était cuit ; John en mit quelques grains dans sa bouche et les mâcha, mais il ne put les avaler.

Un des rayas, voyant les efforts qu'il faisait, prit,

en façon de plaisanterie, de l'eau dans sa main et lui jeta cette eau à la figure.

Comme il ouvrait justement la bouche en ce moment-là, quelques gouttes, en s'y introduisant, poussèrent les grains de riz vers sa gorge et faillirent l'étrangler; mais l'effort qu'il fit rendit cependant à ses muscles la faculté d'agir et par conséquent d'avaler.

Néanmoins, pendant quelque temps il fut obligé avec chaque cuillerée de riz de prendre une cuillerée d'eau ; mais ce rétrécissement de la gorge n'était qu'un aperçu des douleurs du pauvre John : l'ardeur du soleil avait gercé ses lèvres et jusqu'à l'intérieur de sa bouche. A chaque mouvement de ses mâchoires le sang jaillissait de chacune de ses gerçures, ce qui lui causait des douleurs insupportables.

Mais tout cela cessa avec l'envahissement du sommeil. A peine John eut-il avalé quelques cuillerées de riz et la valeur d'un verre d'eau qu'il s'endormit de ce profond sommeil invincible dont il avait déjà été atteint.

Il ne se réveilla que dans la soirée.

Ce moment de son réveil, pendant lequel ce brave homme sentit que toutes ses facultés physiques se reprenaient à la vie et toutes ses facultés intellectuelles recouvraient leur exercice, fut pour tout son être comme une seconde naissance.

Alors le souvenir lui revint, alors le passé se déroula à ses yeux, et il s'écria avec une angoisse mêlée de remords :

— Ah ! pauvre madame Bremner.

Puis, s'adressant aux rayas, il leur expliqua qu'il avait laissé à bord la femme du capitaine et deux ou trois autres personnes, et que ces personnes avaient de quoi les récompenser s'ils voulaient tenter de les sauver.

Cette double espérance de faire une bonne action et un bon bénéfice firent que les rayas promirent de veiller pendant la nuit à ce que deviendrait le bâtiment.

Or, à leur avis, comme les marées de nuit sont plus élevées que celles de jour, la marée de nuit devait amener le bâtiment plus près de la côte qu'il n'était en ce moment, ce qui rendait le sauvetage facile. Ce fut tout ce que John entendit.

Cet invincible sommeil qui s'était emparé de lui le matin le prit pour la seconde fois.

Il se laissa aller sur le sable, et l'Indou parlait encore qu'il était déjà endormi.

A minuit on réveilla John; on lui annonça que la dame et son esclave avaient été transportées heureusement à terre.

John se leva aussitôt et facilement, sans avoir besoin d'être soutenu. Il alla la rejoindre.

Madame Bremner était assise près du feu; elle venait de boire un verre d'eau et de manger un peu de riz. Son visage était en ce moment le miroir de la joie humaine.

Ce que John avait dit des roupies de madame Bremner avait failli la perdre au lieu de la sauver.

Quelques-uns de ces hommes qui rôdaient sur la plage avaient déjà formé le complot de se rendre au bâtiment, de la dépouiller, lorsque le brave homme qui avait déjà donné son turban à John, et qui était un Birman, guettant de son côté le moment convenable, s'était rendu au vaisseau et l'avait sauvée sans réclamer d'elle aucune récompense.

Pendant la même nuit le bâtiment se sépara en deux; la câle demeura engagée aux rochers.

Quant au pont, il vint en flottant si près de la plage que les deux hommes demeurés les derniers à bord purent à leur tour arriver à terre.

La nuit fut mauvaise; il plut à torrents, et les naufragés, presque nus, sans abri, eurent énormément à souffrir du froid. Le matin les naturels leur donnèrent encore un peu de riz; mais ils les prévinrent que c'était la dernière fois qu'ils leur en donnaient gratis, et qu'à l'avenir ils n'obtiendraient rien qu'en payant.

L'imprudence qu'avait commise John Mackay, en parlant des roupies de madame Bremner, portait ses fruits.

Les Lascars, qui avaient abordé les premiers et qui les premiers aussi avaient mis à contribution la bourse de la pauvre veuve, firent leur prix avec les indigènes et commencèrent à prendre leur repas à part, la religion qu'ils professaient ne leur permettant pas de manger avec des personnes d'une autre croyance que la leur

De son côté madame Bremner, doublement heureuse d'avoir pu sauver son argent, et par le service qu'il lui rendait à elle-même, et par celui qu'il allait rendre aux autres, fit prix pour la nourriture de tout le reste de l'équipage, à deux roupies par jour, pendant quatre jours.

Ces quatre jours écoulés, on pensait avoir assez de forces pour gagner le prochain village, distant de trente milles au nord.

Les naufragés étaient étonnés que ces naturels restassent ainsi au bord de la mer sans autre raison apparente que celle de leur rendre service ; mais, à la marée basse, leurs intentions s'expliquèrent.

Bientôt ils se mirent à la mer, gagnèrent le bâtiment et le fouillèrent pour voir si, tout délabré qu'il était, ils ne parviendraient pas à en tirer quelque chose de bon.

Ils n'y trouvèrent que quelques fusils brisés, un peu de fer et de plomb, ainsi que le cuivre du doublage.

Le pauvre John, en voyant ce pillage, éprouvait la douleur qu'éprouve tout honnête marin à voir mutiler le bâtiment sur lequel il a navigué.

Aussi fit-il observer aux naturels qui se livraient à ce genre d'exercice que la spéculation, bonne pour eux dans le moment, pouvait devenir hasardeuse par la suite, attendu que les propriétaires du bâtiment pourraient bien leur demander compte un jour de tous ces objets qu'ils s'appropriaient.

Mais l'observation fut on ne peut plus mal reçue, et il ne tarda point de s'apercevoir qu'il eût aussi bien fait de ne pas la risquer.

A partir de ce moment ses fournisseurs de riz ne lui donnèrent plus que la plus petite part et ne le servirent plus que le dernier.

Ils l'eussent même laissé probablement mourir de faim sans le brave Birman qui lui avait prêté son turban et qui avait sauvé madame Bremcer. Il prit John sous sa protection, et à cette protection il dut de ne pas mourir tout à fait de faim.

Au reste, c'était un grand bonheur que les indigènes leur mesurassent ainsi les vivres : s'ils n'eussent point mis pareille parcimonie dans leurs distributions, ils se fussent étouffés bien certainement.

Mais comme ce n'était pas dans le but de sauver la vie des naufragés qu'ils se montraient avares, ceux-ci ne leur surent aucun gré de leur avarice.

De leur côté les naturels, pour ménager sans doute leur provision de riz, se mirent en chasse et tuèrent quelques bêtes fauves, qu'ils dépouillèrent et firent rôtir à quelques pas des naufragés, sans leur en offrir la moindre part; ce que voyant ceux-ci, ils ramassèrent humblement les os, dont ils se firent une soupe qu'ils trouvèrent délicieuse et en savourèrent jusqu'à la dernière goutte.

Le temps s'écoulait, et les forces ne revenaient guère à ces malheureux, nourris seulement d'eau et d'un peu de riz.

Madame Bremner surtout était d'une telle faiblesse qu'elle ne pouvait se tenir debout.

En conséquence elle demanda aux Indous s'ils ne la pourraient pas porter, elle et son esclave, sur une litière, jusqu'au plus prochain village.

La discussion fut longue; la rapacité des indigènes était éveillée: ils croyaient la bourse de la pauvre madame Bremner inépuisable. Enfin il fut convenu que, moyennant douze roupies, le transport aurait lieu.

Restaient deux roupies pour compléter les trente.

Moyennant ces deux roupies, que madame Bremner montra bien être les dernières, il fut convenu qu'on leur fournirait à tous quatre du riz jusqu'au prochain village.

Les quatre personnes pour lesquelles le marché venait d'être passé étaient madame Bremner, son esclave, John Mackay et le jeune garçon qui s'était mis à la mer avec lui.

En consultant ses forces John Mackay craignait bien de ne pouvoir suivre le palanquin de madame Bremner.

Aussi voulut-il faire de son côté un marché pour être porté en litière par les Indous ; mais, comme ils prétendaient qu'il était le double plus lourd que madame Bremner, ils demandèrent seize roupies payées comptant.

Force fut donc au pauvre John Mackay de se remettre en route, marchant à pied, appuyé sur un bambou, auprès du palanquin de madame Bremner.

C'était le 17 juillet.

La petite troupe qui accompagnait le palanquin se composait de John, du canonnier, du contre-maître et du mousse.

Quant aux Lascars, ils avaient fait connaissance avec les naturels du pays, et, comme ils étaient de la même race à peu près, ils restèrent avec eux.

On fit à la première traite deux milles environ ; puis

on s'arrêta une heure. Pendant cette halte John s'endormit.

À son réveil il était si fatigué qu'il crut qu'il ne lui serait pas possible de se remettre en route.

Il y parvint cependant; mais il était forcé de s'arrêter si souvent qu'il comprit que ce serait rendre le voyage impossible que de vouloir en être.

Il resta donc en arrière, et le jeune homme, qui l'avait pris en affection, resta avec lui.

Ce jeune homme faisait au second maître un compagnon sûr: il avait si grande peur des tigres qu'il n'osait s'éloigner à vingt pas.

Vers les quatre heures de l'après-midi John et le mousse avaient complétement perdu de vue leurs compagnons, lorsqu'ils aperçurent une troupe de naturels d'Arrakan, appelés Mogs.

Ces Indiens étaient occupés à faire cuire du riz près du rivage, et ne voyaient point les deux voyageurs ou ne faisaient point attention à eux.

John, abandonné par les porteurs du palanquin sans aucune nourriture, ambitionnait fort sa part du dîner qui se confectionnait sur la plage, mais, ne connaissant pas la langue, et surtout n'ayant pas d'argent, il ne savait comment arriver à ce résultat.

La prière lui parut, sinon le moyen le plus sûr, du moins le moyen le moins dangereux.

Il s'approcha donc des Mogs, la main étendue et l'œil suppliant ; sa chétive apparence, les lambeaux de vêtements qui le couvraient, ne laissaient pas de doutes sur sa misère ; aussi, à la première vue, le chef parut-il touché de compassion, et, lui adressant la parole en portugais, lui demanda-t-il quel événement fatal l'avait réduit en ce triste état.

John, par bonheur, parlant un peu la langue dans laquelle la question lui était faite, put y répondre.

Il lui raconta son naufrage, la famine effroyable que lui et ses compagnons avaient subie pendant vingt jours; de quelle façon miraculeuse ils avaient enfin gagné la terre; comment là, grâce aux roupies de madame Bremner, ils avaient obtenu quelque secours, et comment enfin, n'ayant pu payer des porteurs de palanquin, il avait été abandonné par eux sur le chemin.

Ce récit parut d'autant plus vraisemblable au chef qu'il venait, une heure auparavant, de voir passer le palanquin de madame Bremner, porté par les Indous et suivi des deux compagnons de naufrage de John.

C'était un bon cœur que ce chef; il maudit ces hommes insensibles qui avaient abandonné un malheureux, et, avec la dignité d'un roi qui offre l'hospitalité à un prince son voisin, il conduisit John près de son feu, en l'invitant à y prendre place, ainsi que le jeune homme qui l'accompagnait.

Puis il lui servit ce qu'il avait de meilleur dans son repas, l'invitant à ne point trop manger, non point par avarice, mais par précaution et pour ménager son estomac affaibli, lui promettant qu'à partir de ce moment, jusqu'à celui où l'on arriverait au village, il se chargeait de lui et de son compagnon, qui, désormais, ne manqueraient plus de rien.

En effet, dès ce moment même il lui fit sa provision de riz, pour trois jours, lui dit que les tigres. ayant peur du feu et de la fumée, ne se risqueraient jamais à les attaquer tant qu'ils auraient soin d'allumer du feu avant de s'endormir; et, comme ils n'avaient ni briquet, ni pierre à feu, ni amadou, il leur montra à allumer du feu avec deux bambous.

En outre, comme les blessures qu'il s'était faites aux jambes et aux pieds s'étaient remplies de sable et le faisaient souffrir énormément, il lava et pansa ces blessures lui-même, les bassinant et les frottant avec du ghi.

Puis il lui entortilla les pieds dans des morceaux de linge, et, bien réconforté, il lui souhaita un bon voyage.

Après l'épreuve qu'il avait faite de la cupidité des Lascars et de l'insensibilité des Indous, cette conduite du chef mog toucha vivement le pauvre John.

Il ne pouvait se décider à le quitter.

Malheureusement le chef, qui était un colporteur, faisait route absolument opposée à la sienne, allant de Chittagong, sa résidence habituelle, vendre des marchandises à Arrakan.

Il fallut donc se séparer.

John ne savait comment exprimer sa reconnaissance au brave colporteur; ses larmes parlèrent pour lui, et le chef ne dut pas douter qu'il eût obligé un cœur reconnaissant.

VII

CONCLUSION

Deux lieues plus loin, John et son compagnon rejoignirent madame Bremner et son escorte, qui, arrêtés dans une hutte, mangeaient du riz.

Alors John tira fièrement d'une espèce de bissac qu'il portait sur son épaule sa provision de riz et celle de son compagnon, et fit son dîner à part.

Pendant qu'il dînait, plusieurs des Indous et les Lascars restés avec eux pour piller la carcasse du bâtiment les rejoignirent à leur tour.

Ils avaient rencontré sur leur route le colporteur, qui leur avait reproché leur inhumanité, ce qui leur avait été bien indifférent, mais qui leur avait dit en outre que John Mackay était un homme considérable, qui pourrait bien leur faire demander par le gouverneur de Calcutta un compte sévère de leur conduite, ce qui les avait fort impressionnés.

Aussi, à partir de ce moment, commencèrent-ils à traiter John avec de grands égards.

Mais il repoussa fièrement leurs tardives politesses, se contentant d'accepter l'offre que lui fit le guide de porter son sac de riz.

Le lendemain on arriva sur les bords d'une rivière ; lorsqu'on l'eut sondée, on reconnut, à cause de sa profondeur et de sa rapidité, la difficulté qu'il y avait de la traverser à la marée haute.

On attendit, en conséquence, que la marée fût basse, et l'on employa ces quelques heures d'attente à faire un radeau en bambous.

Quand la mer fut retirée on lança le radeau à la rivière ; cinq ou six Indous se mirent à la nage de chaque côté pour l'empêcher de dériver, et l'on atteignit sans accident la rive opposée.

La roideur des jambes de John s'était tellement accrue qu'il crut encore qu'il serait forcé de rester en arrière ; mais enfin, sa volonté l'emportant sur sa faiblesse, il arriva à la halte presque en même temps que le reste de la caravane.

Le lendemain on arriva dans le village où demeuraient les Indous ; John était si fatigué qu'il entra dans la première hutte qu'il trouva ouverte, et se laissa aller, en s'excusant, sur une natte où il s'endormit de ce sommeil irrésistible que nous avons déjà vu plusieurs fois s'emparer de lui.

Lorsqu'il se réveilla, il se trouva entouré de personnes qui, émues de son état, l'accompagnèrent chez le zemindar du village, qui le reçut avec la plus grande cordialité et ordonna de lui servir toutes sortes de rafraîchissements.

John était si peu habitué à trouver cette compassion sur sa route qu'il fut d'abord profondément touché des attentions du zemindar; mais, ayant appris qu'arrivé où il était il se trouvait à quatre milles seulement de distance de Ramou, premier comptoir de la Compagnie, et ayant demandé au zemindar, ce qui était chose toute simple, après la façon dont il l'avait reçu, de lui faciliter les moyens de gagner ce comptoir, il fut tout étonné que, sous prétexte des soins que réclamait sa santé, le zemindar fit mille instances pour le retenir, lui offrant, dans quinze jours, quand il serait tout à fait remis, de l'envoyer à Calcutta avec un canot de trente avirons.

Dès lors John soupçonna, tant ses instances étaient

pressantes, tant cette compassion pour ses malheurs était affectée, que le zemindar avait intérêt à ce qu'il demeurât le plus longtemps possible éloigné d'une ville où il pût donner connaissance de son naufrage.

En creusant cette idée John se convainquit peu à peu que non-seulement le zemindar avait trempé dans le pillage passé de *la Junon*, mais encore voulait se réserver le tranquille monopole de son pillage à venir.

En effet la cargaison, toute de bois de teck, comme nous l'avons dit, devait s'être conservée parfaitement intacte et offrait à la cupidité du zemindar une tentation trop forte pour qu'elle pût y résister.

John insista donc pour que le zemindar le fît conduire à Ramou; mais, comme il vit que c'était un parti parfaitement pris chez lui d'empêcher ce départ par tous les moyens possibles, il feignit de céder aux instances de ce brigand et s'apprêta à se mettre en route le lendemain.

Mais, comme il allait se mettre en route, le zemindar entra chez lui.

Le rusé coquin avait deviné son projet et venait aborder franchement la question en priant John de lui signer un certificat constatant qu'il n'avait participé en rien au pillage de *la Junon*, attendu, disait-il, que le certificat lui était nécessaire pour que le magistrat du district d'Islamabad, qui résidait à Chittagong, ne le rendît point responsable de ce qui était arrivé à l'endroit du bâtiment échoué et de ce qui pourrait arriver encore.

A cette condition, ou plutôt moyennant cette complaisance, il lui fournirait un canot pour se rendre à Ramou ou à tel endroit qu'il lui désignerait.

John voulait, avant toute chose, arriver à Ramou.

Il signa au zemindar le certificat demandé, mais il eut soin de le faire précéder d'une relation complète du naufrage de *la Junon*, de manière à ce que le zemindar ne pût point remettre cette pièce à l'officier de Ramou sans que celui-ci sût que des naufragés avaient survécu et avaient besoin de son secours.

L'événement prouva que John avait eu raison de se défier du zemindar, car, le lendemain, au lieu de donner à John toutes les facilités de départ qu'il lui avait promises, ce fut lui qui partit, muni de son certificat, et qui, s'étant rendu à Ramou, remit le papier au phoughedar.

Celui-ci, qui vit qu'il était question dans ce document de naufragés anglais, remit le papier au lieutenant Towers, qui commandait un détachemet à Ramou, et le lieutenant Towers ayant fait venir le zemindar, l'ayant interrogé, ayant remarqué l'ambiguïté de ses réponses, le lieutenant Towers envoya aussitôt à John un canot, une escorte, des provisions et de l'argent.

En outre le chef de l'escorte était chargé d'une lettre pour John Mackay, lequel, on le pense bien, n'ayant pas revu le zemindar, était fort inquiet dans son village.

Le 22, dans la soirée, voyant que le canot promis n'arrivait pas, et que, chaque fois qu'il se présentait chez le zemindar, on lui répondait que le zemindar était sorti, John résolut, au risque de ce qui pourrait lui arriver, de partir le lendemain.

En conséquence, et pour qu'il ne fût pas dénoncé par les provisions qu'il lui fallait faire, chacun de ses compagnons économisa une portion de son souper, qu'il mit en réserve; après quoi John Mackay se coucha près de ses provisions.

Le lendemain avant le jour il devait être en route.

Mais, comme il venait de s'endormir, on frappa à sa porte : c'étaient l'escorte et le bateau qui arrivaient.

Le lendemain matin tout le monde partit du village et s'achemina vers Ramou, où l'on arriva vers midi.

Le lieutenant Towers était sur le bord de la rivière et attendait les naufragés, qu'il conduisit à l'instant même chez lui.

Madame Bremner fut installée dans sa propre chambre, et les autres furent répartis dans la maison.

Pendant trois jours il ne voulut point qu'ils pensassent à autre chose qu'à se rétablir, et pendant ces trois jours, dit John Mackay, il fut notre serviteur, notre chirurgien, et même notre cuisinier.

Le 26 les naufragés furent embarqués dans deux canots, et le 28 on arriva à Chittagong, où commandait le lieutenant Price.

A Chittagong, les naufragés furent reçus comme à Ramou, et M. Price fut pour eux ce qu'avait été M. Towers.

Après un jour de repos, dont il avait grand besoin, John Mackay se présenta chez M. Thomson, juge du district d'Islamabad, auquel il fit sa déclaration.

Celui-ci envoya aussitôt une garde près du navire échoué, pour mettre fin aux déprédations qui se commettaient sur la carcasse de ce malheureux bâtiment.

Puis un rapport exact de tout ce qui s'était passé fut signé par madame Bremner, veuve du capitaine, John Mackay, second maître, et Thomas Johnson, le canonnier.

Ce rapport fut envoyé aux propriétaires du bâtiment, à Madras.

Huit jours après, sentant ses forces revenues, John Mackay se mit en route pour retourner près de *la Junon* et sauver ce qui en restait encore.

C'était le 8 août.

Il s'embarqua sur un canot, emmenant des charpentiers et emportant tous les outils nécessaires.

Le 12 il arriva à Ramou, où il se reposa chez le lieutenant Towers; le 14 il continua son chemin, porté dans un palanquin; enfin, le 17, il arriva dans la baie où le navire avait échoué et qu'il appela la *baie de la Junon*.

On construisit deux huttes, et dès le lendemain toute la charpente était empilée sur le rivage.

On y mit alors le feu et l'on recueillit le fer, c'est-à-dire le seul objet de toute cette vieille carcasse qui eût encore une valeur.

Vers le commencement de novembre, le capitaine Gallovay, commandant du navire *la Restauration*, arriva dans la baie, envoyé de Calcutta pour prendre le fer et la charpente.

Le 25 tout fut chargé, et, le même jour, *la Restauration* remit à la voile, emmenant John Mackay et se dirigeant sur Calcutta, où elle arriva heureusement le 12 décembre 1795.

Maintenant, si le lecteur désire savoir, après cette terrible catastrophe, ce que devinrent les principaux personnages de ce récit, nous lui dirons :

Que John Mackay, entièrement remis de son naufrage, fut, au commencement de 1796, nommé au commandement d'un bâtiment de la Compagnie, et que ce bâtiment, envoyé en Europe, y arriva en août 1796;

Que madame Bremner, après avoir recouvré ses forces et sa santé, redevenue plus jolie et plus gracieuse que jamais, fit un excellent mariage,

Enfin que le mousse qui avait si grand'peur des

tigres, ayant, avec plus de raison encore, aussi grand'peur de la mer, resta à Chittagong, où il vécut et mourut, exerçant honnêtement l'état de colporteur, qu'il avait sans doute choisi en souvenir de ces colporteurs portugais qui l'avaient si bien accueilli le soir où ils avaient été abandonnés, John Mackay et lui, par les Indous.

LE KENT

I

LE KENT

Le 1ᵉʳ mars, à dix heures du matin, un magnifique trois-mâts, ses grandes voiles carguées et prises aux bas ris, ses vergues de perroquet amenées, se tenait à la cape sous un grand hunier seul, avec trois ris pris, ses fausses fenêtres de poupe fermées, et tous ses soldats de quart, amarrés à un cordage de sûreté tendu sur le pont, luttant contre un des plus terribles grains qui aient jamais soulevé les vagues gigantesques de la mer de Biscaye.

C'était *le Kent*, magnifique navire de la Compagnie anglaise des Indes, commandé par le capitaine Henry Cobb et destiné pour le Bengale et la Chine.

Il portait vingt officiers, trois cent quarante-quatre soldats, quarante-trois femmes et soixante-six enfants, tous faisant partie du 31e régiment d'infanterie, et cela sans compter vingt passagers et un équipage de cent quarante-huit hommes, officiers compris.

Tout cela était joyeusement parti des dunes le 19 février 1825, car le bâtiment étant neuf et le capitaine expérimenté, car tout étant aménagé à bord pour le bien-être et le confort le plus parfait, on pouvait avec confiance espérer un bon et rapide voyage.

Poussé par un vent frais du nord-ouest, le beau navire avait majestueusement descendu la Manche, et, le 23 février, après avoir perdu de vue les côtes d'Angleterre, était entré dans l'Atlantique.

Malgré quelques intervalles de mauvais temps, le navire avait continué de faire bonne route jusqu'à la nuit du lundi 28, où un coup de vent du sud-ouest, dont la violence avait progressivement augmenté pendant la matinée du 29, l'avait subitement arrêté au moment où nous sommes arrivés, c'est-à-dire au 1er mars, à dix heures du matin.

Malgré les précautions prises, le navire, lancé par les flots à des hauteurs prodigieuses, retombant du sommet de ces vagues dans des abîmes sans fond, roulait effroyablement, et ce roulis était encore augmenté par la nature d'une partie de la cargaison, formée de tonneaux pleins de boulets et de bombes.

Vers le milieu du jour le roulis devint si terrible qu'à chaque inclinaison du bâtiment, soit à bâbord, soit à tribord, les haubans plongeaient de trois ou quatre pieds dans la mer.

Il résultait de cet effroyable mouvement que les meubles les plus solidement calés étaient renversés et jetés d'un côté à l'autre du bâtiment avec tant de fracas qu'il n'y avait plus moyen pour personne de se tenir soit dans la chambre, soit dans la salle commune.

Ce fut en ce moment qu'un officier, effrayé de l'horrible remue-ménage qui se faisait dans le pont et dans l'entre-pont, pensa qu'il ne serait pas mal d'aller voir ce qui, au milieu de pareilles secousses, pouvait se passer à fond de cale.

En conséquence il prit deux matelots avec lui, et ordonna à l'un d'eux de se munir d'une lampe de sûreté.

En entrant dans la cale il s'aperçut que la lampe brûlait mal, et, dans la crainte du feu, s'il la ravivait lui-même, il envoya un des matelots arranger la mèche sur la plate-forme des câbles, restant pendant toute son absence dans l'obscurité.

Au bout de cinq minutes il reparut, et, s'apercevant qu'une des barriques d'eau-de-vie était hors de sa place, il prit la lampe des mains du matelot qui la portait, et donna l'ordre à lui et à son compagnon d'aller chercher des coins pour caler cette barrique.

Tous deux sortirent.

Resté seul, l'officier se trouva obligé de tenir la lampe d'une main et de maintenir la barrique de l'autre; mais alors il arriva une telle secousse que, violemment ébranlé, il fut obligé de lâcher sa lampe.

Comprenant le danger auquel il exposait le bâtiment, il se hâta de la ramasser; mais dans son empressement il lâcha là barrique, qui se défonça en retombant. L'eau-de-vie se répandit aussitôt, et, en entrant en contact avec la flamme de la lampe, la lave ardente se répandit dans la cale comme un serpent de feu.

Au lieu de donner l'alarme par un cri imprudent, l'officier eut la force de se contenir, et, les deux matelots étant revenus, il fit à l'instant même prévenir par l'un deux le capitaine de ce qui se passait, et avec l'autre essaya de porter les premiers secours au feu.

Le capitaine accourut, donna ses ordres, et l'on commença d'essayer à comprimer le feu au moyen des pompes que l'on fit jouer, de seaux d'eau que d'on versa, et de toiles de hamacs mouillées dont on encombra la cale au vin.

L'officier qui a laissé le récit le plus détaillé de cette catastophe, le major Mac Grégor, homme à la fois plein de courage et de croyance sainte, était en ce moment occupé à observer les baromètres suspendus dans la chambre du conseil, lorsque l'officier de quart, M. Spence, s'approcha de lui et lui dit tout bas :

— Le feu est dans la cale au vin.

— Allez-y voir, major.

Et M. Spence se mit à se promener de long en large et à maintenir l'ordre sur le pont avec autant de calme que l'agitation furieuse de la mer le lui permettait.

Le major Mac Gregor doutait encore.

Il courut à l'écoutille, dont la fumée commençait à s'échapper, et trouva le capitaine Cobb et les officiers donnant avec le plus grand calme des ordres exécutés avec un calme presque égal par les matelots et par les soldats.

Le capitaine Cobb l'aperçut.

— Ah ! c'est vous, major, dit-il.

— Oui, mon commandant. Puis-je vous être bon à quelque chose ?

— Prévenez vos officiers et veillez à ce que le trouble ne se mette point parmi les soldats.

— Est-ce aussi grave qu'on le dit, commandant ? demanda le major.

— Dame ! voyez ! dit le capitaine en lui montrant la fumée qui sortait par l'écoutille.

Le major fit des lèvres un mouvement qui signifiait

que la chose était grave, et se mit en quête du lieutenant-colonel Fearon.

Le major Mac Grégor s'informa et apprit que le colonel Fearon était chez lui avec quelques-unes des femmes des officiers, qui, tremblantes devant cette tempête effroyable et ne soupçonnant pas un autre danger en face d'un danger si grand, s'étaient réunies chez lui.

Il frappa à la porte avec l'intention de prendre à part le lieutenant-colonel et de lui annoncer le nouveau péril qui menaçait le bâtiment; mais, malgré cette précaution, le visage du major portait, à ce qu'il paraît, une telle empreinte de terreur que les femmes se levèrent spontanément et demandèrent si la tempête devenait plus sérieuse.

Mais, en souriant, le major leur donna sa parole que, de ce côté, elles n'avaient rien à craindre, et la parole du major les rassura.

Le colonel Fearon sortit pour s'emparer de l'esprit de son régiment, et le major pour retourner sur le théâtre de l'incendie.

Les choses avaient fort empiré pendant son absence. A la légère flamme bleue de l'eau-de-vie, qui laissait croire encore à la possibilité de se rendre maître du sinistre, avait succédé une épaisse fumée qui, en énormes tourbillons, sortait par les quatre écoutilles, et qui roulait en torrents d'un bout à l'autre du vaisseau.

En même temps une forte odeur de goudron se répandait sur le pont.

Le major s'informa de ce changement au capitaine Cobb, qui lui répondit :

— La flamme a gagné de la cale au vin la soute aux cordages.

— Alors nous sommes perdus? fit le major.

— Oui, répondit simplement le capitaine.

Puis en même temps, d'une voix forte et qui indiquait l'imminence du danger, le capitaine Cobb cria :

— Pratiquez des voies d'eau dans le premier ou le second pont; déblayez les écoutilles; ouvrez les sabords de la batterie basse afin que la mer entre de tous côtés.

On s'empressa d'obéir; mais déjà quelques soldats, une femme et plusieurs enfants avaient péri après des efforts inutiles pour gagner le pont supérieur.

En descendant vers la batterie basse avec le colonel Fearon, et le capitaine Braye, et deux ou trois autres officiers du 31ᵉ qui voulaient ouvrir les sabords, ceux-ci rencontrèrent un des contre-maîtres chancelant, prêt à tomber, épuisé, perdant connaissance.

Il venait de heurter du pied les cadavres de plusieurs personnes suffoquées par la fumée, dont il avait lui-même failli être victime.

En effet, cette fumée était si âcre et si épaisse qu'en entrant dans l'entrepont ils se sentirent saisis par elle, et qu'à peine purent-ils y rester le temps nécessaire pour exécuter les ordres du capitaine Cobb.

Ils y arrivèrent cependant, et aussitôt la mer se précipita furieuse dans les voies qui lui étaient ouvertes, brisant les cloisons et dispersant comme des bouchons de liége les caisses les plus lourdes et les mieux amarrées.

C'était un spectacle terrible, et que cependant les spectateurs regardaient avec une certaine joie, car ils se flattaient de trouver leur salut dans cette ressource violente.

Plongés dans l'eau jusqu'aux genoux, les officiers s'encourageaient mutuellement avec cette voix âpre et stridente qui montre clairement que celui-là même qui crie aux autres :

« Espérez ! » n'espère plus.

Et cependant cette quantité immense d'eau qui se précipitait dans la cale parvint à arrêter, non pas l'incendie, mais son accroissante fureur ; seulement, au fur et à mesure que le danger de sauter en l'air diminuait, celui de sombrer augmentait : le vaisseau s'était visiblement alourdi et enfoncé de plusieurs pieds.

On n'avait que le choix de la mort ; on préféra celle qui offrait un sursis.

Les officiers se précipitèrent contre les sabords, qu'ils refermèrent à grand'peine ; après quoi l'on boucha les écoutilles, afin d'exclure l'air extérieur des profondeurs du vaisseau, et l'on attendit, car on savait avoir maintenant une heure ou deux devant soi.

Alors les officiers, qui venaient de noyer le bâtiment, remontés sur le pont, jetèrent les yeux autour d'eux et commencèrent à distinguer, dans son ensemble d'abord, puis ensuite à suivre dans ses détails une scène terrible et sublime à la fois.

Le pont supérieur était couvert de six à sept cents

créatures humaines : marins, soldats, passagers, hommes, femmes, enfants.

Quelques femmes, retenues dans leur lit par le mal de mer, s'étaient élancées hors de leurs cadres quand elles avaient connu le terrible danger dont elles étaient menacées ; et, pareilles à des fantômes au milieu de cette nuit blafarde, à la lueur des éclairs, aux roulements de la foudre, erraient sur le pont, appelant l'une son père, l'autre son frère, l'autre son mari.

Par un instinct naturel ces sept cents personnes, au lieu de se serrer les unes contre les autres, s'étaient divisées par groupes, les forts avec les forts, les faibles avec les faibles.

Ces groupes permettaient que l'on circulât sur le pont dans les intervalles qu'ils avaient formés.

Quelques-uns des marins et des soldats les plus fermes de cœur, — ceux-là formaient le groupe le moins nombreux, — avaient été se placer directement au-dessus de la sainte-barbe afin d'être emportés les premiers, et que l'explosion au centre de laquelle ils devaient se trouver terminât immédiatement leurs souffrances.

Parmi ces groupes les uns attendaient leur sort avec

une résignation silencieuse ou une insensibilité stupide.

D'autres se tordaient les bras, poussaient des cris sans paroles et se livraient à toutes les frénésies du désespoir.

D'autres imploraient à genoux, et avec d'abondantes larmes, la miséricorde du Très-Haut.

Plusieurs femmes et des enfants de soldats étaient venus chercher un refuge dans la chambre des ponts supérieurs, et priaient avec les femmes des officiers et des passagers. Parmi ces femmes, quelques-unes, douées d'un calme sublime, semblaient des anges envoyés par le Seigneur pour préparer à la mort la créature mortelle à laquelle Dieu a toujours le droit de reprendre la vie qu'il lui a donnée.

Au milieu de tout cela quelques pauvres enfants, ignorant le danger, et les yeux fixes, ou jouaient dans leur lit, ou faisaient des questions qui prouvaient que le Seigneur écartait de leur angélique innocence jusqu'à l'apparence du danger.

Mais il n'en était point ainsi des autres.

Un jeune passager s'approcha du major MacGrégor.

— Major, lui demanda-t-il, que pensez-vous de la situation ?

— Monsieur, répondit le major, préparons-nous à reposer cette nuit même dans le sein de Dieu.

Le jeune homme s'inclina avec mélancolie, et serrant la main du major :

— Mon cœur est en paix avec ce Dieu dont vous me parlez, major, dit-il ; et cependant, je vous l'avoue, je redoute beaucoup ce dernier instant, quoique je sache que cette crainte est absurde.

En ce moment, comme si la mer eût été furieuse qu'un autre élément s'apprêtât à détruire le bâtiment qu'elle avait l'air de regarder comme sa proie et qu'elle attirait à elle par toutes les bouches de ses abîmes, une de ces vagues terribles qui montaient à la hauteur des vergues se précipita sur le pont, arracha l'habitacle de ses amarres et mit en pièces la boussole, dont elle emporta les débris.

Le coup avait été terrible ; un morne silence l'avait suivi, car chacun regardait avec terreur autour de lui s'il ne lui manquait pas quelque être bien-aimé emporté par ce terrible coup de mer, quand, au milieu de ce silence, la voix d'un jeune contre-maître s'éleva pleine d'angoisses et cria :

— Capitaine ! *le Kent* n'a plus de boussole !

Un long frémissement suivit ces paroles, car chacun sait ce que c'est qu'un navire perdu et errant au hasard sur l'Océan.

Aussi, à ces mots, un jeune officier, qui jusque-là n'avait point paru désespérer, prit d'un air sombre une boucle de cheveux blonds dans son nécessaire et la plaça sur son cœur.

Un autre prit du papier et écrivit à son père quelques lignes qu'il introduisit dans une bouteille, espérant que la bouteille, recueillie par quelque âme charitable, serait envoyée à son père avec ce qu'elle contenait, et qu'ainsi, par la certitude de sa mort, il épargnerait au vieillard de longues années d'incertitude et d'anxiété.

Au moment où ce jeune officier s'avançait vers le bastingage pour jeter cette bouteille à la mer, un des seconds, M. Thomson, eut l'idée de faire monter un matelot au petit mât de hune, dans l'espérance de découvrir quelque bâtiment en vue, et que ce bâtiment pût secourir le *Kent*.

C'était une dernière espérance, bien faible, il est vrai, et cependant à laquelle tous les cœurs se rattachaient.

On attendit donc avec une inexprimable angoisse.

Le matelot parcourut des yeux tout le cercle de l'horizon.

Puis, tout à coup, agitant son chapeau :

— Une voile sous le vent ! cria-t-il.

Trois hourras de joie s'élancèrent du pont.

A l'instant on hissa les pavillons de détresse.

On tira le canon de minute en minute, et l'on dirigea la manœuvre de manière à arriver sur le navire qui était en vue, naviguant sous la misaine et les trois huniers.

II

LA CAMBRIA

Pendant dix ou quinze minutes, tous les yeux furent fixés sur le bâtiment en vue, que l'on sut plus tard être *la Cambria*, petit brick de 200 tonneaux, faisant voile pour la Véra-Cruz, sous le commandement du capitaine Cook, et ayant à bord vingt à trente mineurs de Cornouailles et d'autres employés de la compagnie anglo-mexicaine.

L'anxiété était grande, car on cherchait à s'assurer si, de son côté, il voyait ou ne voyait pas le *Kent*.

Ces dix minutes furent un siècle.

On n'avait point d'espoir que le bruit des canons eût été entendu ; ce bruit se perdait dans les clameurs de la tempête et dans les rugissements de la mer.

Mais il pouvait bien certainement voir la fumée qui enveloppait le bâtiment de son nuage sombre, et qui, pareille à une trombe, bondissait à la surface de la mer.

Après quelques minutes d'angoisse, on vit le brick hisser pavillon anglais et mettre toutes voiles dehors pour venir au secours du *Kent*.

Ce fut une joie universelle.

Cette lueur de salut, qui succédait à l'obscurité de la mort, illumina tous les cœurs, et cependant, en calculant l'espace qui restait à parcourir, la petitesse du bâtiment qui venait au secours du *Kent*, l'état effroyable de la mer, il y avait quatre-vingts chances encore sur cent que le bâtiment sautât, que celui qui était en vue pût en recueillir à peine la dixième partie, et, enfin, que le transbordement fût impossible.

En ce moment, et pendant que le capitaine Cobb, le colonel et le major Mac Gregor tenaient conseil sur les mesures les plus promptes et les plus sûres de mettre les embarcations à la mer, un lieutenant du 31e vint demander au major dans quel ordre les officiers devaient quitter le vaisseau.

— Dans l'ordre qu'on observe aux funérailles, répondit d'une voix calme le major Mac Gregor.

Alors, comme si l'officier eût pensé qu'un second ordre supérieur était nécessaire, il se retourna vers le colonel Fearon, l'interrogeant du regard.

— Eh bien! dit celui-ci, n'avez-vous point entendu? Les cadets les premiers; mais d'abord, et avant tout, les femmes et les enfants.

— Vous passerez au fil de l'épée tout homme qui tenterait de descendre avant eux.

L'officier s'éloigna en faisant un signe de tête qui indiquait que l'ordre serait ponctuellement exécuté.

En effet, pour empêcher l'encombrement que l'on avait lieu de craindre d'après les signes d'impatience qui se manifestaient chez les soldats et même chez les marins, deux officiers, l'épée nue, se mirent en faction près de chaque embarcation ; mais, il faut le dire, en jetant les yeux sur leurs officiers et en voyant leur contenance calme et sévère à la fois, les soldats et les marins trop pressés à la fuite eurent honte d'eux-mêmes, et les premiers donnèrent l'exemple de la subordination et de la discipline.

Vers deux heures ou deux heures et demie, l'embarcation se trouva prête.

L'ordre fut à l'instant même donné par le capitaine Cobb d'y faire descendre autant de femmes d'officiers, de passagers et de soldats que le canot en pourrait contenir.

Alors on vit défiler sur le pont le lugubre cortége de ces malheureuses femmes, vêtues des premiers objets dont elles avaient pu s'emparer, et qui, traînant leurs enfants d'une main, tendaient l'autre vers celui, père, frère ou mari, qu'elles abandonnaient sur le bâtiment à une mort presque certaine.

Ce cortége s'avançait du gaillard d'arrière jusqu'au sabord, au-dessous duquel le canot était suspendu.

On n'entendait pas un cri, il ne se proférait pas

une plainte ; les petits enfants eux-mêmes, comme s'ils eussent compris la solennité de la situation, avaient cessé de pleurer.

Deux ou trois femmes seulement demandèrent en grâce à ne pas s'embarquer seules et à rester près de leur mari.

Mais la voix du major ou du colonel répondait : *Marchez*, et la malheureuse reprenait son rang, silencieuse et obéissante.

Et quand on leur eut bien dit que chaque minute de retard apporté à l'embarquement pourrait être la perte de tout ce qui restait à bord, alors, sans plus rien demander, même cette sombre grâce de mourir avec leurs maris, elles s'arrachèrent aux embrassements, et, avec cette force d'âme qu'on ne trouve que chez elles, elles allèrent s'entasser sans un seul murmure dans le canot, qui descendit aussitôt à la mer.

Les plus croyants dans la miséricorde divine n'espéraient pas, tant la mer était grosse, que le canot pût tenir cinq minutes.

Les marins placés dans les haubans crièrent même deux fois que le canot faisait eau ; mais le major Mac Gregor étendit la main et d'une voix forte s'écria :

— Celui qui a fait marcher l'Apôtre sur les vagues saura bien soutenir nos femmes et nos enfants sur les flots ! Lâchez tout !

Le major Mac Gregor avait sa femme et son fils dans le canot.

Mais ce n'était point assez que de donner l'ordre, il fallait l'exécuter.

En effet, voici comment l'embarquement se devait faire.

Ne voulant négliger aucune précaution, le capitaine Cobb avait aposté à chaque extrémité du canot un homme armé d'une hache, afin de couper à l'instant même les palans, si l'on éprouvait la moindre peine à les décrocher.

Or, la difficulté d'une pareille opération, sur une mer furieuse et avec une chaloupe surchargée, ne peut être comprise que par un marin.

En effet, après que les hommes chargés de ce travail difficile eurent deux fois essayé de déposer doucement la chaloupe sur la vague, l'ordre fut donné de défaire les crochets ; le palan de poupe ne présenta aucune difficulté et fut dégagé à l'instant, mais au contraire les cordages de la proue s'embrouillèrent, et l'homme placé à ce poste ne put exécuter l'ordre donné.

En vain alors eut-on recours à la hache : la corde n'était point tendue, la hache ne mordit point ; mais, comme il arrivait alors que, retenu seulement par une de ses extrémités, le canot suivait tous les mouvements et qu'en ce moment la vague le soulevait, il fut un moment où l'on dut croire que l'embarcation suspendue verticalement par la proue allait verser à la mer tout ce qu'elle contenait.

Par miracle, en ce moment une vague passa sous la poupe de la chaloupe et la souleva, comme si la main de Dieu eût fait contre-poids au mouvement du vaisseau.

En ce moment on parvint à décrocher le palan, et la chaloupe se trouva lancée à la mer.

Aussitôt on poussa au large, et ceux qui étaient restés sur le bâtiment, oubliant leur propre danger, s'élancèrent vers les bastingages pour voir quel sort attendait ceux qui venaient de les quitter.

Alors on put distinguer la chaloupe luttant contre les vagues, s'élevant comme un point noir à leur sommet, puis se replongeant dans l'abîme pour disparaître encore et reparaître de nouveau.

Ce spectacle était d'autant plus effrayant, que la distance à parcourir du *Kent* à *la Cambria* était de près d'un mille, *la Cambria* ayant mis en panne à cette distance afin d'échapper aux débris enflammés en cas d'explosion, et surtout pour se garantir du feu des canons, qui, chargés à boulet, tiraient au fur et à mesure que la flamme les atteignait.

Le succès ou l'insuccès de cette première tentative était donc la mesure des chances de salut ou de perte, de l'avenir.

Qu'on juge aussi de l'intérêt avec lequel les pères, les frères et les maris, mais encore ceux-là mêmes qui ne lui portaient qu'un intérêt tout égoïste, suivaient cette précieuse embarcation.

Pour maintenir autant que possible le canot en équilibre, pour que les matelots pussent ramer sans trop de difficulté, on avait pêle-mêle, sous les bancs, entassé les enfants et les femmes.

Seulement cette précaution, qui était de toute nécessité, les exposa à être noyés par l'écume qui, à chaque coup de mer, inondait le canot, et qui, se résolvant en eau, montait au fur et à mesure que l'on avançait, de manière que, lorsqu'on approcha *la Cambria*, les femmes avaient de l'eau jusqu'à la ceinture et étaient obligées de tenir leurs enfants élevés dans leurs bras.

Enfin au bout de vingt-cinq minutes, pendant lesquelles les malheureux demeurèrent entre la vie et la mort, la chaloupe accosta le brick.

Du bâtiment en flammes on pouvait voir le brick et la chaloupe; seulement on perdait les détails.

La première créature humaine qui passa du canot sur le brick fut le fils du major Mac Grégor, âgé de trois semaines, qui, enlevé des bras de sa mère par M. Thomson, quatrième lieutenant du *Kent* et commandant l'embarcation, fut soulevé jusqu'à la hauteur des bras qui s'étendaient du brick pour le recevoir.

Ainsi fut récompensée la sainte confiance du capitaine en Dieu.

Puis il en fut fait ainsi de tous les enfants et de toutes les mères, qui furent sauvés, depuis le premier enfant jusqu'à la dernière mère.

Les femmes sans enfants vinrent ensuite et passèrent à leur tour sans accident de la chaloupe sur le brick.

Puis le canot reprit sa course vers *le Kent* avec les seuls matelots, qui faisaient force de rames pour aller au secours de leurs compagnons.

Quand tous ces hommes, marins, soldats, passagers, virent revenir les canots vides, lorsqu'ils eurent la certitude que leurs femmes et leurs enfants étaient arrivés sans accident, un instant ceux qui jouissaient du bonheur de savoir ces êtres bien-aimés en sûreté oublièrent la situation où ils étaient eux-mêmes, et, suspendus entre deux abîmes, rendirent grâce à Dieu.

Mais, au retour de ce premier voyage, les embarcations essayèrent inutilement d'accoster *le Kent* bord à bord.

C'était chose impossible à cause de la rage avec laquelle les vagues fouettaient le flanc du bâtiment; force fut donc de tenir les embarcations au-dessous de la poupe, et de descendre les femmes et les enfants au moyen d'un cordage auquel on les attachait deux à deux.

Mais, comme le tangage était terrible, comme bien souvent, au moment où femmes et enfants allaient être déposés dans le canot, le canot se dérobait sous eux, alors ces malheureux étaient plongés à plusieurs reprises dans la mer.

Pas une femme ne périt cependant, mais il n'en fut pas de même des enfants, frêles créatures de la poitrine desquelles le souffle était chassé plus aisément, et plus d'une fois, après ces terribles immersions, la mère vivante et l'enfant mort furent déposés dans la chaloupe.

Ce fut alors le commencement des épisodes terribles.

Deux ou trois soldats, pour soulager leurs femmes ou pour arriver à sauver plus promptement leurs enfants, sautèrent à la mer après se les être fait attacher autour du corps, et périrent avec eux submergés par ces vagues gigantesques.

Une jeune femme refusait de quitter son père, vieux soldat enchaîné à son poste; il fallut l'arracher de ses genoux, où elle s'était cramponnée, la lier à l'extrémité de la corde et la descendre malgré ses cris. Cinq fois les vagues les étouffèrent; la sixième fois elle fut déposée évanouie dans le bateau; on la croyait morte, on allait la rejeter à la mer, lorsqu'elle donna signe d'existence: elle fut sauvée.

Un homme se trouvait placé entre l'alternative de perdre sa femme ou ses enfants; sans hésitation il se prononça pour sa femme; la femme fut sauvée, les quatre enfants périrent.

Un soldat, grand, fort, excellent nageur, n'ayant ni femmes ni enfants, se chargea de trois enfants de ses camarades, se les fit attacher sur les épaules, et, chargé de ce précieux fardeau, se jeta à la mer.

Mais ce fut vainement qu'il essaya d'atteindre le canot; alors ses compagnons, témoins des efforts inouïs qu'il faisait, lui jetèrent une corde; il la saisit et fut hissé à bord.

Un matelot tomba dans l'écoutille, et, comme s'il fût tombé dans le cratère d'un volcan, fut en quelques secondes dévoré par les flammes.

Un autre eut l'épine du dos brisée, et cela si complétement qu'il tomba plié en deux et ne se releva point.

Un autre, en arrivant à *la Cambria*, eut la tête prise et écrasée entre le canot et le brick.

Cependant les précautions à prendre pour embarquer les femmes et les enfants dévoraient un temps précieux.

Le capitaine Cobb donna alors l'ordre d'admettre quelques soldats dans le bateau avec les femmes seulement.

Ceux-ci atteindraient le bateau comme ils l'entendraient.

C'était leur affaire.

Cette permission devint fatale à plusieurs.

Sur une douzaine qui sauta immédiatement à la mer, cinq ou six furent engloutis.

Un de ces hommes... il y a d'étranges destinées, disons la sienne avec quelques détails.

Il avait une femme, une femme qu'il aimait tendrement, et qui, étant de celles qui n'avaient pu obtenir de suivre le régiment, était condamnée à rester en Angleterre. Elle résolut d'éluder la défense.

Elle suivit le régiment à Gravesend.

Là, par l'aide de son mari et des compagnons de son mari, elle trouva moyen d'échapper à la vigilance des sentinelles et se glissa dans le bâtiment. Pendant plusieurs jours elle resta cachée et personne ne s'aperçut de sa présence à bord.

A Deal elle fut découverte et on la renvoya à terre; mais, avec cette persévérance dont les femmes sont seules capables, elle rejoignit le bâtiment, se glissa de nouveau dans l'entre-pont et y demeura cachée parmi les autres femmes jusqu'au jour du désastre.

Au milieu du sinistre on ne fit plus attention à elle, et, son tour étant venu d'être attachée à la corde, elle y fut attachée et descendue dans la chaloupe.

A peine son mari l'y vit-il en sûreté que, profitant de la permission que venait de donner le capitaine, il sauta à l'eau, et, excellent nageur, eut bientôt gagné la chaloupe.

Ils allaient donc être réunis.

Déjà sa femme lui tendait les bras lorsque, au moment où il avançait la main pour s'appuyer sur le plat-bord, un tangage subit fit heurter sa tête contre le bossoir.

Étourdi du coup il disparut à l'instant et ne reparut plus.

Nous avons dit qu'au moment où l'on avait crié: Au feu! les plus résolus entre les matelots et les soldats étaient allés se placer au-dessus de la sainte-barbe pour sauter les premiers, et, en sautant, être plus sûrement pulvérisés.

Un des matelots, voyant qu'il avait vainement attendu l'explosion près de cinq heures, s'impatienta.

— Eh bien ! dit-il, puisque le feu ne veut pas de moi, voyons ce qu'en dira l'eau !

Et, sur ces paroles, il sauta à la mer, gagna le canot et fut sauvé.

Et, en effet, depuis sept heures le navire brûlait sans que, par un miracle, la flamme eût encore atteint la sainte-barbe.

III

LE MAJOR MAC GREGOR

Tandis que le canot, autour duquel se groupaient tous les épisodes que nous avons dits et s'accomplissaient toutes les catastrophes que nous avons racontées, faisait un second voyage au brick ; tandis qu'en arrivant à bord une femme de soldat accouchait d'une fille qui reçut le nom de *Cambria*, et qui, selon toute probabilité, vit encore aujourd'hui, — le jour tirait à sa fin, et le colonel Fearon, et le capitaine Cobb, et le major Mac Grégor se montraient d'autant plus empressés à accomplir leurs devoirs, en secourant par tous les moyens possibles les braves gens qu'ils s'étaient imposé l'obligation de sauver avant de penser un instant à se sauver eux-mêmes.

A cet effet, et pour établir un moyen plus facile de quitter le bâtiment, le capitaine Cobb ordonna de suspendre à l'extrémité du gui de brigantine, espèce de mât couché qui dépasse la poupe du bâtiment d'une quinzaine de pieds, un cordage le long duquel les hommes devaient se laisser glisser du bâtiment dans les embarcations.

Mais par cette manœuvre on courait deux dangers :

Le premier, de ne pouvoir arriver sans vertige au bout du gui, que le mouvement du tangage élevait parfois à trente pieds au-dessus des flots.

Le second, une fois suspendu à la corde, de manquer le canot et d'être plongé à la mer ou bien d'être brisé contre les plats-bords.

Aussi beaucoup de ceux qui, n'étant pas marins, n'avaient point l'habitude de grimper le long des manœuvres ou de courir sur les vergues, préféraient-ils se jeter à la mer par les fenêtres de poupe et essayer de gagner les canots à la nage.

Mais cependant, comme, malgré tous ces moyens de sauvetage, plus de la moitié des hommes était encore à bord, et qu'on ne pouvait savoir ce qu'il en resterait au moment où les flammes forceraient ces derniers à quitter le bâtiment, on commença de construire des radeaux avec les planches des cages à poules et tous les matériaux que l'on put réunir.

En même temps chaque homme eut ordre de se mettre une corde autour du corps afin de s'amarrer aux radeaux si l'on était forcé d'y avoir recours.

Au milieu de ces dangers et des souffrances dont ils étaient accompagnés, quand, à la crainte incessante d'être lancé dans l'espace et dans l'éternité, se joignaient les premières atteintes d'une soif intolérable, un soldat découvrit, par hasard, une caisse d'oranges, et fit part de cette trouvaille à ses camarades.

Alors tous, d'un commun accord, avec un respect et une affection auxquels, en pareille circonstance, on ne pouvait guère s'attendre, apportèrent, depuis la première jusqu'à la dernière, ces oranges à leurs officiers, et refusèrent d'y toucher avant que chaque officier eût pris la sienne.

Comme entre chaque départ et chaque retour des chaloupes il s'écoulait près de trois quarts d'heure, les officiers pouvaient, pendant cet intervalle, faire de bien précieuses observations.

Nous allons donc, jusqu'à la fin de ce chapitre, pour mettre ces observations à notre tour sous les yeux du lecteur, emprunter notre récit à l'admirable, philosophique et précise relation du major Mac Grégor.

« Le temps ne me permet malheureusement pas de retracer ici les diverses pensées qui occupèrent mon esprit pendant cette terrible journée, ni les observations que je pus faire de ce qui se passait dans l'âme de mes compagnons d'infortune; mais je crois devoir consigner ici un fait moral dont je conserve un souvenir parfaitement distinct.

« Il y avait un si grand nombre de personnes à

bord que j'eusse cru trouver, dans cette quantité d'organisations différentes, des nuances de caractères et de force d'âme assez diverses pour faire, si je puis m'exprimer ainsi, une échelle décroissante, depuis l'héroïsme jusqu'au dernier degré de la faiblesse et de l'égarement.

« Je fus promptement détrompé : la situation mentale de mes compagnons de souffrances fut immédiatement séparée en deux catégories parfaitement distinctes, en deux couleurs fortement tranchées par une seule ligne qui, ainsi que j'eus l'occasion de le voir, n'était pas impossible à franchir.

« D'un côté étaient rangés les puissants de cœur, ceux-là dont l'âme était encore exaltée par la force de la situation ; de l'autre, le groupe incomparablement moins nombreux de ceux chez qui le danger avait paralysé toute faculté d'agir et de penser, ou qu'il avait plongés dans le délire ou l'abattement.

« Ce fut avec un vif intérêt que j'observai les échanges de force et de faiblesse qui se firent entre ces deux groupes pendant les dix ou onze heures où je n.e trouvai à portée de les observer.

« Quelques hommes, par exemple, que leur agitation et leur faiblesse avaient rendus le matin l'objet de la pitié et même du mépris de tous, s'élevèrent, les premières heures passées, par quelque grand effort intérieur, jusqu'à l'héroïsme le plus sublime, tandis que d'autres, au contraire, qui, en se roidissant contre les premières émotions, avaient fait admirer leur calme et leur courage, se laissant accabler tout à coup sans aucun sujet de désespoir nouveau, semblaient, à l'approche du danger, abandonner tout à la fois leur corps et leur esprit.

« Peut-être me serait-il possible de rendre compte de ces anomalies, mais ce n'est pas le but que je me propose; je me borne à raconter ce que j'ai vu, en y ajoutant une circonstance qui produisit sur moi une vive impression.

« Comme j'étais sur le pont, occupé des observations que je viens de dire, j'entendis un soldat qui disait derrière moi :

« — Tiens! voilà le soleil qui se couche.

« Cette parole, bien simple en toute autre circonstance, me fit tressaillir vivement, car il était évident que ce soleil qui se couchait c'était mon dernier soleil.

« Je tournai les yeux vers l'occident, et je n'oublierai jamais l'impression que me produisit cet astre à son déclin.

« Pénétré de cette conviction que l'Océan, dans lequel le soleil semblait se plonger, serait cette nuit même mon tombeau, j'en arrivai peu à peu, en descendant pour ainsi dire dans ma pensée, à me représenter dans tout leur effroyable réalisme les dernières souffrances de la vie et les conséquences de la mort.

« Cette pensée, que je voyais pour la dernière fois ce soleil immense, foyer d'existence et de lumière, s'empara peu à peu de toute mon âme et donna à mes réflexions un côté de terreur qui jusque-là m'avait été complétement inconnu.

« Ce que je ressentais, ce n'était point le regret d'une vie que l'on trouve toujours inutile ou mal remplie quand on la regarde du seuil de la mort.

« Non, c'était comme une prescience vague, comme une vue sans bornes de l'éternité elle-même, abstraction faite de toute idée de misère ou de félicité.

« Non, l'éternité telle qu'elle se présentait à moi dans ce moment, c'était le vide, une atmosphère sans horizon, sans soleil, sans nuit, sans peine, sans plaisir, sans repos, sans sommeil, quelque chose de terne et de glauque comme le jour que l'homme qui se noit voit à travers la vague qui roule entre lui et le ciel.

« Cette pensée était cent fois pire que celle qui m'eût présenté une éternité de flammes, car la mienne à moi, telle que je la voyais, ce n'était ni la vie ni la mort ; c'était une espèce de somnolence stupide qui tenait de l'une et de l'autre, et, en vérité, je ne sais jusqu'à quel sombre désespoir m'eût entraîné cette espèce de folie si tout à coup je n'eusse fait un effort pour sortir de ce commencement de léthargie, et si ne je me fusse rattaché, comme on le fait dans les convulsions de la mort, à quelqu'une de ces douces promesses de l'Évangile qui peuvent seules donner du charme à une existence immortelle.

« La vue même de ce soleil prêt à disparaître à l'horizon ramena mon âme vers celui qui a tout créé, et, au souvenir de ses adorables promesses, je me rappelai *cette cité bienheureuse qui n'a besoin ni de la lumière, ni du soleil, ni de la lune, parce que c'est la gloire même de Dieu qui l'éclaire.*

« Je laissai donc le soleil se perdre entièrement à

l'horizon, et, aussi calme que s'il ne s'agissait point pour moi de franchir ce pas terrible qui sépare la vie de l'éternité, je descendis dans la grande chambre pour y chercher quelque objet qui me garantit du froid, devenu plus intense encore depuis que le soleil avait disparu.

« Rien n'était triste et désolé au monde comme l'aspect de cette salle qui, le matin même, était encore le théâtre d'une conversation amicale et d'une douce gaîté.

« A l'heure où l'on était arrivé elle était presque déserte; on n'y rencontrait que quelques malheureux qui, ayant cherché dans l'eau-de-vie ou le vin l'oubli du danger, roulaient sur le plancher leur ivresse brutale, ou bien quelques misérables en quête de pillage, rôdant autour des secrétaires ou des armoires pour s'approprier un or ou des bijoux dont la jouissance était loin de leur être assurée.

« Les sofas, les commodes, ces meubles élégants qui font des bâtiments de transport anglais des modèles de confort et de bien-être, étaient brisés en mille morceaux et renversés sur le parquet.

« Au milieu de leurs pieds brisés, au milieu de

leurs coussins épars, des oies, des poulets couraient, échappés de leurs cages, tandis qu'un cochon, qui avait trouvé moyen de sortir de son étable, située sur le gaillard d'avant, s'était mis en possession d'un magnifique tapis de Turquie dont une des chambres était décorée.

« Ce spectacle, devenu plus triste encore par la vue de la fumée qui commençait à passer à travers les planches du parquet, me serra le cœur ; je m'empressai de prendre une couverture, et je montai sur le pont, où je retrouvai, parmi le petit nombre d'officiers demeurés à bord, le capitaine Cobb, le colonel Fearon et les lieutenants Ruxton, Rooth et Évans, qui dirigeaient avec un zèle admirable le départ de nos malheureux camarades, dont le nombre diminuait rapidement.

« En général, au reste, les hommes doués d'une véritable force d'âme ne montrèrent ni impatience de quitter le bâtiment ni désir de rester en arrière.

« Les vieux soldats avaient trop de respect pour leurs officiers et trop de soin de leur propre réputation pour montrer de la hâte à partir les premiers ; d'un autre côté, ils étaient trop sages et trop résolus pour hésiter un seul instant lorsqu'ils recevaient l'ordre de partir.

« Et cependant, comme cette scène terrible tirait à sa fin, quelques malheureux qui restaient encore à bord, loin de montrer de l'empressement à partir, témoignaient, au contraire, toute leur répugnance à employer le périlleux moyen de salut qui leur était offert.

« Le capitaine Cobb fut donc forcé de renouveler, d'abord avec prière, puis ensuite avec menace, l'ordre de ne pas perdre un seul instant, et un des officiers du 31e, qui, se dévouant au salut de tous, avait exprimé l'intention de rester jusqu'à la fin et de ne quitter le bâtiment qu'un des derniers, fut contraint de déclarer, à la vue de cette hésitation, que, passé un tel délai qu'il indiqua à haute voix, il quitterait le bâtiment, abandonnant à ce qui pourrait leur arriver les cœurs faibles dont l'hésitation compromettait non-seulement leur propre salut, mais encore le salut des autres.

« Au milieu de ces retards dix heures approchaient; quelques hommes épouvantés par l'élévation du gu. et l'agitation de la mer, rendue plus terrible encore au milieu des ténèbres, se refusaient absolument à se sauver par ce moyen, tandis que d'autres demandaient qu'on les descendît, chose impossible, à la manière des femmes et avec un cordage autour du corps.

« Tout à coup on vint annoncer que le bâtiment, déjà enfoncé de neuf ou dix pieds au-dessus de la flottaison, venait encore de baisser tout à coup de deux pieds.

« Calculant d'ailleurs que les deux embarcations qui attendaient sous la poupe, jointes à celles qu'à la lueur des flammes on voyait éparses sur la mer ou revenant du brick, étaient suffisamment grandes pour contenir tous ceux qui, en état d'être transportés, se trouvaient encore à bord du *Kent*, les trois derniers officiers supérieurs du 31ᵉ régiment, au nombre desquels je me trouvais, songèrent sérieusement à faire retraite.

« Et maintenant, comme je ne saurais mieux donner une idée de la situation des autres qu'en décrivant la mienne, je demande au lecteur la permission de l'entretenir quelques instants de moi et de lui raconter avec quelques détails la façon dont j'échappai.

« Mon histoire sera celle de quelques centaines d'individus qui m'avaient précédé sur l'étroit chemin où je vais m'aventurer à mon tour.

« Le gui de brigantine d'un navire de la grandeur du *Kent*, qui dépasse la poupe de quinze à dix-sept pieds en ligne horizontale, se trouve en temps de calme à dix-huit ou vingt pieds au-dessus de la surface de la mer; mais au milieu d'une tempête comme celle qui s'acharnait sur nous, la hauteur des vagues et la violence du tangage le levaient souvent jusqu'à trente et quarante pieds.

« Il fallait donc à la fois, pour atteindre la corde flottante à l'extrémité du gui, comme une ligne au bout de son bâton, ramper le long de cet agrès arrondi et glissant, manœuvre qui, même pour des marins qui en avaient l'habitude, n'était point sans danger, et qui exigeait de tout le monde, marins ou autres, une tête exempte de vertiges, une main adroite et des muscles vigoureux.

« Ce voyage aérien avait, avant moi, déjà coûté la vie à bien des personnes : les unes n'avaient pas voulu le risquer et s'étaient jetées tout d'abord à la mer; aux autres la tête avait tourné au tiers ou à la moitié du voyage, et elles s'étaient laissées tomber dans le gouffre qui, béant au-dessous d'elles les avait, aussitôt englouties.

« Quelques-unes étaient arrivées à bon port jusqu'à l'extrémité du gui ou même jusqu'à l'extrémité de la corde ; mais là elles n'avaient point été sauvées.

« Restait cette chance à peu près égale d'être descendu dans la chaloupe, d'être brisé sur les plats-bords ou d'être trempé dans la mer, et, arrivé à bout de forces, de lâcher le câble pendant l'immersion.

« Comme on le voit, il n'y avait pas grande chance de salut dans notre seule chance de salut.

« Mais enfin, je le répète, comme c'était la seule, je n'hésitai point, mon tour venu, à me mettre à cheval sur ce morceau de bois glissant, malgré mon inexpérience et ma maladresse d'une semblable manœuvre ; mais je dois le dire et je suis heureux même de le dire, avant que de m'y aventurer, je remerciai Dieu de ce que ce moyen de délivrance, si dangereux qu'il fût, me fût encore offert, et je le remerciai surtout d'en être arrivé à ne penser à mon propre salut qu'après avoir dignement rempli mon devoir envers mon souverain et envers mes camarades.

« Cette courte prière en actions de grâces envoyée au ciel plutôt avec le cœur et les yeux qu'avec les lèvres, je me hasardai sur ma route aérienne, et j'avançai du mieux que je pus.

« J'étais précédé par un jeune officier aussi inexpérimenté que moi dans la manœuvre que nous accomplissions, lorsque, arrivés à la presque extrémité du gui, nous fûmes assaillis par un grain violent mêlé de pluie qui nous contraignit d'interrompre notre route et de nous cramponner à ce bâton.

« Un instant nous crûmes qu'il nous fallait renoncer à tout espoir d'atteindre la corde; mais, Dieu nous aidant, il en fut autrement; après quelques minutes d'immobilité, mon compagnon se remit en chemin et atteignit le câble, s'y cramponna et fut recueilli dans le canot, mais non sans avoir été immergé trois ou quatre fois.

« Son exemple me servit de leçon.

« Je calculai qu'au lieu de commencer à descendre quand le bateau était immédiatement au-dessous du câble, mieux valait, au contraire, risquer cette descente quand le bateau était à vingt-cinq ou trente pas, attendu que, dans ce mouvement de va-et-vient, c'était le seul moyen de me trouver au bout de la corde juste au moment où la chaloupe, de son côté, se trouverait au-dessous de moi.

« Grâce à ce calcul, en effet, me laissant glisser le long du câble, que je serrais à la fois entre mes mains et entre mes genoux, je fus le seul qui atteignit la chaloupe sans avoir été plongé dans la mer et sans avoir reçu de graves contusions.

« Le colonel Fearon, qui me suivait, fut moins heureux. Après avoir été balancé en l'air pendant quelque temps, et avoir plongé dans la mer à plusieurs reprises ; après avoir été heurté contre le plat-bord du canot, et même entraîné sous sa quille, il se trouva si épuisé qu'il lâcha la corde. Par bonheur, au même moment, un des hommes du canot l'aperçut, le saisit par les cheveux et le tira à bord presque sans connaissance.

« Quant au capitaine Cobb, il avait déclaré qu'il ne quitterait que le dernier le pont de son bâtiment. Aussi, comme s'il eût répondu de la vie de tous ceux qui étaient sur *le Kent*, depuis le premier jusqu'au dernier, refusa-t-il de gagner les embarcations avant d'avoir fait tout ce qu'il lui était possible de faire pour triompher de l'irrésolution de ce petit nombre d'hommes que la frayeur avait privés de leurs facultés.

« Toutes ses supplications furent inutiles

« Cependant, comme il entendait déjà tous les canons, dont les palans étaient coupés par les flammes, tomber, l'un après l'autre, dans la cale et y faire explosion, il pensa qu'un dévouement plus long ne serait qu'un entêtement insensé, et, jetant un dernier regard sur son bâtiment :

« — Adieu, noble *Kent !* dit-il ; adieu, mon vieux compagnon ! Tu méritais une mort plus digne et plus belle, et j'eusse partagé ton sort avec joie, s'il nous eût fallu couler ensemble au milieu d'une victoire. Mais nous n'avons pas ce bonheur. Adieu, noble *Kent !* Hélas ! hélas ! était-ce donc ainsi que nous devions nous séparer !

« Puis, après quelques secondes d'un douloureux silence, il saisit la balancine d'artimon, et, se laissant glisser le long de ce cordage par dessus la tête des malheureux qui restaient immobiles sans oser faire un pas ni en avant ni en arrière, il atteignit l'extrémité du gui, d'où, sans même se donner la peine de glisser le long de la corde, il se laissa tomber dans la mer et gagna le canot à la nage.

« Et cependant, malgré l'inutilité de ses supplications envers eux, il ne voulut point abandonner tout à fait ces cœurs faibles qui, s'exposant à un danger plus grand, n'avaient point osé braver le danger de leurs compagnons.

« Une embarcation fut laissée en conséquence en station au-dessous de la poupe, jusqu'au moment où les flammes qui sortaient violemment de la fenêtre de la chambre du conseil rendirent impossible le maintien de cette position.

« Et néanmoins, lorsqu'une heure après l'arrivée du capitaine Cobb à *la Cambria* l'embarcation laissée en arrière accosta à son tour, ramenant le seul soldat qu'il eût été possible de déterminer à fuir, le capitaine de *la Cambria* ne voulut point permettre aux matelots et au lieutenant de monter à bord qu'il n'eût reconnu que la chaloupe était montée par M. Thomson, jeune officier qui avait fait preuve dans cette journée d'un zèle et d'un dévouement remarquables. »

IV

L'EXPLOSION

Il serait difficile d'exprimer ce qui se passait à bord de *la Cambria* au fur et à mesure que les chaloupes, en accostant, annonçaient aux veuves et aux orphelins la mort de ceux qui avaient succombé, ou aux femmes et aux enfants dont Dieu avait eu pitié que leurs pères ou leurs maris existaient encore et leur étaient rendus.

Mais bientôt tout s'arrêta; douleur et joie, à la vue du spectacle que présentait *le Kent*.

Après l'arrivée du dernier bateau à bord de *la Cambria*, les flammes, qui avaient gagné le pont supérieur et la dunette du vaisseau, montèrent avec la rapidité de l'éclair jusqu'au haut de la mâture.

Tout le bâtiment alors présenta une seule masse de feu qui embrasa le ciel et qui éclairait comme en plein jour tout ce qui se trouvait sur *la Cambria*, hommes et choses.

Les pavillons de détresse hissés le matin continuaient de flotter au milieu des flammes, et se déroulèrent ainsi jusqu'au moment où les mâts, enflammés eux-mêmes, s'écroulèrent au milieu de l'incendie comme des cloches de cathédrale.

Enfin, à une heure et demie du matin, le feu ayant atteint la sainte-barbe, l'explosion, qu'un prodige avait retardée jusque-là, retentit, et, terrible bouquet de ce funèbre feu d'artifice, les débris enflammés d'un des plus beaux bâtiments que l'Angleterre possédât montèrent jusqu'au ciel.

Puis tout s'éteignit, tout se tut, et la mer satisfaite rentra dans le silence et dans l'obscurité.

Et cependant *la Cambria*, qui, graduellement, avait fait de la voile, fila bientôt neuf à dix nœuds à l'heure et mit le cap sur l'Angleterre.

Deux mots maintenant de ce bâtiment, de son capitaine, et des circonstances qui l'avaient mis à même de rendre cet éminent service aux malheureux naufragés du *Kent*.

La Cambria, qui, ainsi que nous l'avons dit, était

un petit brick de 200 tonneaux, destiné pour la Véra-Cruz, sous le commandement du capitaine Cook, avec huit hommes d'équipage, et ayant à bord une trentaine de mineurs de la Cornouailles et quelques employés de la compagnie anglo-mexicaine, se trouvait, le matin même du désastre, à une grande distance sous le vent, faisant la même route que *le Kent.*

Mais la Providence ayant voulu que sa lisse de tribord fût subitement brisée par une grosse lame qui la prit en travers, le capitaine Cook, pour soulager son bâtiment, changea de bord et se trouva ainsi en vue du *Kent.*

On sait de quelle façon le capitaine Cook donna l'hospitalité aux malheureux naufragés.

Mais, maintenant, voici ce qu'il faut dire :

C'est que, tandis que les huit hommes d'équipage étaient occupés aux manœuvres, les trente mineurs de Cornouailles, établis dans les haubans, et dans la position la plus périlleuse, déployaient cette force musculaire devenue proverbiale en Angleterre pour saisir, à chaque retour de la vague, soit par la main, soit par les vêtements, soit même par les cheveux, quelque victime de ce grand naufrage, et pour la transporter sur le pont. En outre, on a vu la difficulté avec laquelle le capitaine Cook accueillit la dernière embarcation venue du *Kent*.

Plus d'une fois déjà, en effet, les matelots, lassés de ces voyages, murmurant des périls auxquels on les exposait pour sauver des soldats de terre, êtres qui leur sont essentiellement antipathiques, eussent refusé de retourner au bâtiment, si le capitaine Cook non-seulement ne leur eût fait honte de cet égoïsme, mais n'eût positivement déclaré qu'il ne les recevrait point à bord de *la Cambria* qu'ils n'eussent complétement accompli leur œuvre d'humanité.

Or, la Providence voulut encore que cette complication inouïe de dangers, qui mettait aux prises l'incendie et la tempête, fît de la lutte du feu et de l'eau un moyen de salut pour l'équipage, en ce qu'elle permit que le capitaine Cobb, en ouvrant ses sabords, pût inonder immédiatement la cale et ralentir les progrès de l'incendie, sans quoi *le Kent* eût été complétement dévoré par les flammes avant qu'un seul homme eût eu le temps de se réfugier à bord de *la Cambria*.

Et cette *Cambria* elle-même, ne fut-ce point un

miracle qu'elle fût au commencement de son voyage au lieu d'être sur son départ, et, par conséquent, que ses vivres fussent à peine entamés au lieu de tirer à leur fin ?

Ne fut-ce point un miracle encore que le pont, au lieu d'être encombré par une cargaison, fût complétement vide de marchandises, que l'on n'eût eu, dans ce cas peut-être, ni le temps ni la possibilité de jeter à la mer ?

Ne fut-ce pas un miracle, toujours, que le vent, contraire au voyage qu'elle avait entrepris, fût si favorable, au contraire, pour la ramener, chargée de six cents naufragés, vers la côte d'Angleterre ?

Car, il faut le dire, les malheureux naufragés, pour être à bord de *la Cambria*, n'étaient point sauvés pour cela, entassés qu'ils étaient, pendant une tempête furieuse, au nombre de six cents, sur un navire destiné à porter quarante ou cinquante hommes au plus, et jeté dans le golfe de Biscaye, à une centaine de milles du port le plus prochain.

Ainsi, par exemple, la petite chambre qui reçut le major Mac Gregor, destinée à huit ou dix personnes, en renfermait quatre-vingts, sur lesquelles soixante manquaient de place pour s'asseoir.

Comme la tempête, au lieu de diminuer, redoublait de violence, et qu'une des lisses avait été emportée la veille, les lames passaient à chaque instant par-dessus le pont, et l'on était obligé de fermer les écoutilles.

Mais, en fermant les écoutilles, on supprimait l'air extérieur, et l'on asphyxiait les malheureux entassés dans l'entre-pont.

Alors on fut obligé d'ouvrir les écoutilles dans les intervalles des vagues.

Et, en effet, les hommes étaient entassés dans l'entre-pont à ce point que la chaleur produite par la vapeur de leur haleine fit craindre un instant qu'à son tour *la Cambria* ne fût en feu.

La corruption de l'air était si forte qu'une bougie allumée s'y éteignait à l'instant.

La condition de la foule qui encombrait le pont n'était pas moins misérable, car ils étaient obligés de rester nuit et jour dans l'eau jusqu'à la cheville du pied, à moitié nus, transis de froid et d'humidité.

Heureusement, comme nous l'avons dit, le vent était bon, et, comme s'il eût compris que *la Cambria* ne pouvait marcher trop vite, il redoubla de violence.

De son côté, au risque de rompre les mâts, le capitaine mit toutes voiles dehors, et, dans l'après-midi du 3 mars, le cri : Terre à l'avant! retentit au haut de la hune.

Dans la soirée on eut connaissance des îles Sorlingues, et, après avoir rapidement longé la côte de Cornouailles, on jeta l'ancre, à minuit et demi, dans le port de Falmouth.

Le lendemain, le vent, qui jusque-là avait été du sud-ouest, sauta tout à coup au nord-ouest.

Mais le miracle le plus grand, celui où la main de la Providence se trouve le mieux marquée, c'est que, trois jours après l'arrivée de *la Cambria* et de ses six cents naufragés, on apprit que le reste des hommes abandonnés sur *le Kent*, et que l'on croyait anéantis avec lui, venaient d'aborder à Liverpool, ramenés par *la Caroline*.

Maintenant, comment ce prodigieux sauvetage avait-il eu lieu? Les malheureux naufragés eux-mêmes pouvaient à peine en rendre compte.

Le voici.

Après le départ du dernier canot, les flammes qui

s'échappaient de tous côtés les forcèrent de se réfugier dans les porte-haubans, où ils restèrent jusqu'au moment où les mâts s'écroulèrent par-dessus bord, et, à moitié brûlés, s'éteignirent en s'écroulant.

Alors ils se cramponnèrent à tous ces débris flottants, et virent paraître le jour et s'écouler la matinée du lendemain dans cette effroyable position.

Vers deux heures de l'après-midi, l'un d'eux, porté au haut d'une vague et jetant les yeux autour de lui, aperçut un bâtiment et fit entendre le cri : Une voile !

C'était *la Caroline*, allant d'Alexandrie à Liverpool. Recueillis par le capitaine Bilbay, ils touchèrent, comme nous l'avons dit, les côtes d'Angleterre quatre jours après leurs malheureux compagnons, qui les croyaient perdus.

Dieu est grand !

FIN.

TABLE DES MATIÈRES

BONTEKOE.

	Pages.
Chapitre Ier. 1619....................................	1
— II. Le Feu.................................	17
— III. L'Eau..................................	32
— IV. La Terre...............................	51
— V. Les Montagnes Bleues..................	77

LE CAPITAINE MARION.

Chapitre Ier. La Baie des Meurtriers...............	87
— II. Takoury................................	101
— III. La Vengeance.........................	116

LA JUNON.

Chapitre Ier. 1795....................................	149
— II. La Hune d'artimon....................	162
— III. Le Radeau............................	175
— IV. Agonie................................	189
— V. Les trente roupies de madame Bremner.	201
— VI. Où les roupies de madame Bremner trouvent encore leur emploi.............	225
— VII. Conclusion............................	238

LE KENT.

	Pages
Chapitre Iᵉʳ. Le Kent..................................	249
— II. La Cambria................................	263
— III. Le major Mac Gregor..................	277
— IV. L'Explosion	295

IMPRIMERIE D. BARDIN, A SAINT-GERMAIN

www.ingramcontent.com/pod-product-compliance
Lightning Source LLC
Chambersburg PA
CBHW071301160426
43196CB00009B/1377